L'HOMÉOPATHIE

Dr ADRIEN GESTA

L'HOMÉOPATHIE

Une médecine sur mesure

SOLAR

ISBN 2-263-00665-6

AVANT-PROPOS

Voilà certes un ouvrage qui pourrait se passer de tout commentaire, a fortiori *de préface.*

Il importe cependant de faire le point et de marquer combien, avec notre vie moderne au rythme accéléré, avec nos thérapeutiques agressives et déséquilibrantes, sorties directement de cerveaux « scientistes », nous avons délibérément rompu le contact avec l'extérieur, avec la vie elle-même, avec la nature, avec le cosmos.

Notre équilibre organique ne vaut que si nos fonctions physiologiques sont en résonance avec les forces vitales qui nous entourent et nous pénètrent.

Loin des formules chimiques, loin des produits synthétiques et sans vie, nous n'avons qu'à nous baisser pour cueillir dans chaque cas particulier la meilleure thérapeutique possible.

Nous verrons que le champ d'action réservé à l'homéopathie est immense, le plus vaste sans doute de tous ceux qui peuvent être dévolus aux méthodes curatives.

Les cures que nous prescrivons toucheront tous les publics et nous avons la conviction sincère que cette Homéopathie *doit avoir sa place dans tous les foyers et servir de « flambeau » pour notre avancement scientifique.*

Le grand succès remporté par la première édition de cet

ouvrage nous a incité à développer ce sujet d'une façon plus large, plus complète et plus accessible.

Certes, il existe déjà d'excellentes publications concernant cette discipline, mais un malade à la recherche d'un remède appréciera un ouvrage répondant immédiatement à la question qu'il se pose.

Beaucoup de lecteurs nous ont suggéré d'établir des répertoires de remèdes correspondant aux symptômes simples se déclarant au cours d'une affection, qui leur permettraient de se lancer dans l'homéopathie et d'en recueillir beaucoup de profits, de joies, en même temps que l'assurance d'une grande sécurité.

CHAPITRE I

QU'EST-CE QUE L'HOMÉOPATHIE ?

Depuis quelques décennies, l'homéopathie connaît en France un essor considérable qui va en grandissant.

Cependant, aux yeux de beaucoup, cette médecine reste encore mystérieuse et empreinte d'un occultisme moyenâgeux, entretenu sans doute par certains homéopathes maniaques d'une médecine hermétique.

Le mot même d'homéopathie recouvre également d'un voile de mystère cet empirisme périmé qu'on peut lui reprocher à juste titre.

Il est vrai que les noms latins qui désignent tous les médicaments semblent accréditer ces opinions, que la présentation des produits n'est accompagnée d'aucun texte explicatif et que les remèdes présentent tous le même aspect anonyme.

Par ailleurs, l'interrogatoire que fait subir le médecin homéopathe à son patient, tant il le poursuit dans ses derniers retranchements en insistant sur les moindres détails de son comportement, de son caractère, de ses désirs, de ses aversions, peut faire sourire le malade habitué à un interrogatoire très succinct, mais en proie à une multitude d'examens de laboratoire, d'examens radiographiques, par l'entremise d'un appareillage souvent très sophistiqué.

En effet, l'optique homéopathique diffère totalement de

l'optique allopathique. Le médecin homéopathe fait un travail de synthèse, étudie globalement son malade en recherchant par l'interrogatoire toutes ses conditions de vie.

L'allopathe va faire un travail analytique et rechercher par tous les moyens modernes mis à sa disposition la cause microbienne ou virale de la maladie, ainsi que l'organe touché dans sa dysfonction.

Pour l'homéopathe, le microbe n'est rien, le terrain est tout. On signale des porteurs de germes (diphtérique, streptococcique, staphylococcique) qui ne présentent aucun signe pathologique. D'autres individus avec les mêmes germes incriminés font des accidents graves et peuvent le payer de leur vie.

Certains esprits forts iront jusqu'à sourire de voir prescrire de petits granules d'apparence anodine dans une affection grave qui justifie d'ordinaire une mise en scène impressionnante.

La pauvreté d'une ordonnance homéopathique ne paraît pas en rapport avec la gravité du cas. D'autre part, on peut affirmer que la prescription généralisée d'une médecine homéopathique dans toute une population allégerait considérablement le budget de la Sécurité sociale.

Dans une clientèle homéopathique, il est intéressant de voir quel mobile a conduit le malade à consulter dans une autre discipline. Certains recherchent une médecine « par les plantes », essaient d'éviter l'intervention chirurgicale qu'on leur a proposée, mais les plus nombreux sont ceux qui ont traîné sans succès de médecin en médecin. Certains ont subi des thérapeutiques agressives qui ont provoqué des « maladies iatrogènes ». Autrement dit, une nouvelle maladie s'est ajoutée à l'affection causale.

Cependant, il est bon de rappeler qu'avant de consulter un médecin homéopathe, il est nécessaire de s'être assuré d'un bon diagnostic établi par tous les moyens que les médecins modernes peuvent actuellement mettre en œuvre.

LA MATIÈRE MÉDICALE.

On appelle ainsi l'ensemble de tous les remèdes employés en homéopathie avec leurs indications propres, c'est-à-dire leurs pathogénésies. Ces remèdes ont pour fonction de développer ces symptômes, pour obtenir la guérison, ce qui explique que le même nom désigne à la fois la maladie et le médicament.

Prenons l'exemple du remède *Lachesis* : c'est une dilution de venin de serpent, le *Lachesis trigonocéphale.*

Le sujet piqué par ce serpent présente des étouffements, des angoisses, une sensation de suffocation, de strangulation, tous symptômes semblables à ceux de l'angine de poitrine. Donné en dose infinitésimale, *Lachesis* guérit le malade atteint de cette suffocation.

D'autre part, nous avons tous le souvenir des troubles provoqués par la première cigarette : vertiges, nausées, vomissements, pâleur de la face, sueurs froides, dus au tabac. Une dilution de tabac donnée en granules homéopathiques guérira des vertiges, des troubles digestifs avec nausées et des vomissements.

Ce sera également un excellent traitement du mal des transports, du mal de mer.

Nous n'allons pas perdre le lecteur dans la masse des quelque douze cents remèdes que nous offre la matière médicale. Les ouvrages qui en traitent sont en général trop complets et perdent en clarté ce qu'ils gagnent en abondance.

LE REMÈDE : SA PRÉSENTATION, SA PRÉPARATION.

Tous les remèdes que nous allons présenter ont été éprouvés maintes et maintes fois dans chaque affection et chaque cas particulier. Pour mémoire, nous rappelons que les remèdes se présentent soit en granules, soit en solution ou en poudre (trituration).

Une loi du 21 décembre 1948 considère comme seules valables les préparations homéopathiques dites « hahnemanniennes ». Elles consistent à prendre 1 cm^3 d'un produit actif que l'on dilue dans 99 cm^3 d'un véhicule (en général de l'alcool à 90°). Ce mélange dynamisé par succussions correspond à la première dilution centésimale (1 CH, ou centésimale hahnemannienne).

De ce mélange, on prend 1 cm^3 que l'on dilue dans 99 cm^3 de véhicule. On obtient ainsi la 2e CH et ainsi de suite jusqu'à la 9e CH.

Dans la pratique, on pousse les dilutions jusqu'aux 12 CH, 15 CH et même 30 CH. Cependant, sauf dans des cas particuliers, nous n'avons jamais recours à de telles atténuations.

Pour les dilutions décimales, la manière d'opérer est la même : 1 part du remède pour 9 du solvant, et nous aurons des 1 X, 2 X, 3 X, etc. ou 1 D, 2 D, 3 D (ce qui signifie 1re, 2e, 3e décimale).

Pour les triturations, c'est une poudre de lactose qui sert de véhicule. Il est d'usage d'en mettre une pincée sur la langue au moment indiqué.

Si l'on ouvre par hasard un ouvrage de matière médicale, on est effrayé par tout le fatras de signes et de symptômes qui correspondent à chaque remède, sans rapport entre eux, souvent disparates et même discordants. Il est évident que l'étude de ces multiples remèdes et leur emploi ont de quoi décourager les cerveaux les plus solides.

Nous nous efforcerons de conduire par la main le malade dans ce dédale médicamenteux en apprenant à trouver pour une affection donnée le remède personnel, spécifique (ce que les homéopathes appellent le « simillium »).

Si l'allopathe se borne dans son examen à la recherche et à l'étude des symptômes, l'homéopathe découvrira des « signes » qui pourront justifier la prise de remède.

Ainsi, des douleurs abdominales calmées en se penchant en avant, en se pliant en deux, seront justiciables du remède *Colocynthis*, tandis que d'autres douleurs calmées en se penchant en arrière, correspondent au remède *Dioscorea*.

Autres « signes » : le malade couché peut présenter un faciès rouge, congestionné, ce visage peut être d'une pâleur mortelle dès qu'il s'assied. Certains ont très soif, les uns de grandes quantités de liquide, d'autres de fort petites quantités, fréquemment répétées. D'autres voient leurs symptômes s'aggraver à certaines heures de la journée; d'autres éprouvent le besoin de se restaurer à d'autres heures. Les malades diront qu'ils dorment difficilement, qu'ils ont trop chaud la nuit et qu'ils cherchent avec leurs pieds une place fraîche, ils vous entretiendront de leurs rêves, de leurs cauchemars.

Nous pourrions multiplier les exemples à l'infini. Le remède, bien prescrit, va agir utilement. Nous pouvons affirmer que, forts de notre expérience d'homéopathie dans les cas aigus, c'est-à-dire les cas d'urgence, tous ceux pour lesquels on vient tirer la sonnette du médecin en toute hâte, le jour comme la nuit, nous sommes en mesure d'améliorer, dès les premières prises du médicament, de violentes migraines, des abcès en formation, des crises d'asthme, des coliques hépatiques ou néphrétiques.

Un phlegmon de l'amygdale peut être extirpé en quelques heures avec la prise de quelques doses, ce que ne pourraient même pas des prescriptions massives d'antibiotiques.

Nous ne sommes donc pas désarmés au chevet du malade devant une affection aiguë : angine, grippe, pneumonie, où il faut frapper vite et fort sans pour cela revenir à l'allopathie, à condition de pouvoir intervenir assez rapidement.

COMMENT AGISSENT LES REMÈDES.

Nos remèdes ne se présentent pas comme de simples placebos[1] si l'on en juge par l'effet immédiat d'amélioration qu'ils ont déclenché. Pourtant, « il faut y croire », diront des contradicteurs plus malins.

Comment expliquer alors l'effet thérapeutique rapide chez un bébé, ou même chez un chien ou un chat?

Non, l'homéopathie n'est pas une religion, bien que le docteur Schmitt de Genève, un des grands de l'homéopathie, l'ait qualifiée de « divine ».

Dans chaque cas, il faut valoriser les symptômes morbides les plus importants et remonter à la cause, c'est-à-dire rechercher les troubles profonds qui peuvent exister avant l'extériorisation des symptômes.

Pour avoir la satisfaction de guérir pleinement son malade il ne suffit pas de se borner à la prescription tout empirique des médicaments.

Il faudra en outre étudier la constitution du sujet et son tempérament.

LA CONSTITUTION.

C'est notre structure propre, notre bâti, qui est immuable. Nous en connaissons trois :

1° – la constitution carbonique;
2° – la constitution phosphorique;
3° – la constitution fluorique.

A la naissance, nous sommes tous des carboniques : le bébé est gros, rond, les joues pleines, roses, les membres courts. Adulte, il sera un individu bien portant, mais les conditions de vie, l'hérédité, le climat, et même les influences psychiques du milieu ambiant aboutissent à

1 Remèdes sans efficacité organique et ne jouant que sur le psychisme du malade.

des modifications des différentes fonctions. Peu à peu nous verrons une nouvelle charpente définitive s'installer et se consolider, sans pouvoir subir de modifications appréciables. De là naîtront les constitutions phosphoriques et fluoriques.

Le carbonique est un individu court, large, trapu, carré, au squelette épais; les muscles et ligaments sont courts, solides, résistants. Il suffit de faire allonger l'avant-bras dans le prolongement du bras pour remarquer que l'angle de l'avant-bras sur le bras est inférieur à 180°.

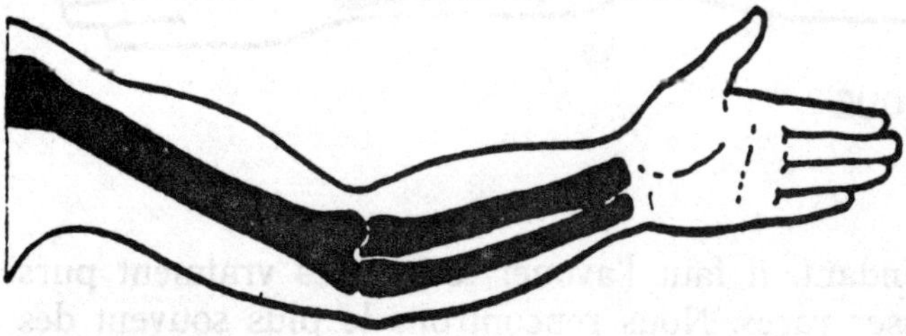

CARBONIQUE

Le phosphorique présente un squelette allongé, anormalement étiré au niveau des membres, un développement prédominant de la boîte crânienne par rapport aux deux étages respiratoire et digestif; le thorax, allongé également, diffère du thorax globuleux du carbonique. L'avant-bras sera ici dans l'exact prolongement du bras.

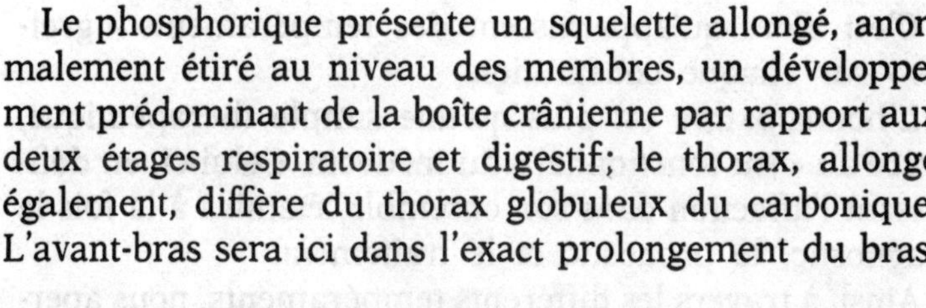

PHOSPHORIQUE

Le fluorique se présente comme un sujet aux articulations extrêmement souples (c'est l'homme ou la femme-serpent des artistes du cirque), sa denture est irrégulière, mal consolidée, son squelette est asymétrique. L'angle du bras sur l'avant-bras sera ici supérieur à 180°.

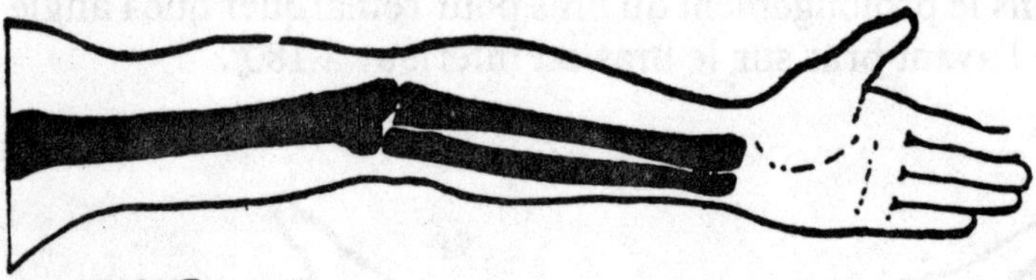

FLUORIQUE

Cependant, il faut l'avouer, ces types vraiment purs sont assez rares. Nous rencontrons le plus souvent des types intriqués tels que des phospho-fluoriques, qui sont les plus fréquents. Cela est le résultat de l'imprégnation toxinique héréditaire que chacun doit supporter.

C'est alors qu'apparaissent des tempéraments « greffés » sur chaque constitution.

L'homéopathie est plus qu'une simple thérapeutique, grâce au « jeu fonctionnel » du médecin. Celui-ci, en définissant l'affection dans son ensemble, établira à la fois le diagnostic, le pronostic et le traitement.

Ainsi, à travers les différents tempéraments, nous apercevons les grands fléaux, les grands génies morbides qui sont à l'origine des souffrances de l'humanité : ce sont la SYPHILIS, la TUBERCULOSE et le CANCER :

1) La syphilis qui, aux siècles précédents, faisait de lourds ravages, qui aujourd'hui laisse des traces indélébiles et à laquelle nous payons encore un gros tribut, est à l'origine du tempérament dit luétique.

Les gros remèdes s'apparentent aux métaux ou métalloïdes lourds : l'or *(Aurum)*, l'argent *(Argentum)*, le mercure *(Mercurius)*, le platine *(Platina)*, etc.

2) La tuberculose a pour substratum le tempérament tuberculinique, qui n'est pas la tuberculose mais seulement un terrain propice, avec sa déminéralisation, ses fatigues, ses accidents aigus avec grosse température, état fébrile, surtout chez les enfants (rhinopharyngites, otites, colites, etc.), parasitose intestinale, caries dentaires.

Ce tuberculinisme s'associe à la psore pour former le *Psoro-tuberculinisme* qui procède des gales médiévales, des maladies cutanées, des bubons, des chancres qui se révèlent à notre époque sous forme d'eczéma, d'abscès, voire d'accidents septicémiques. Ce psoro-tuberculinisme est à l'origine de notre arthritisme actuel (asthme, eczéma, urticaire, rhumatisme).

Des groupes de remèdes se font jour et peuvent recouvrir la totalité de la symptomatologie. Ce sont par exemple *Psorinum* (obtenu à partir d'un pustule de gale), *Sulfur* (le soufre), *Lycopodium* (la poudre de lycopode), *Graphites, Sepia* (l'encre de seiche).

3) Le troisième tempérament, lui, est propre à favoriser le lit du cancer : la *Sycose,* baptisée ainsi par Hahnemann, d'un mot grec qui signifie la figue. En effet, les maladies sycotiques présentent des excroissances cutanées, à type de petites figues, des formations verruqueuses bénignes, des naevi (grains de beauté) qui signent la plupart du temps ce tempérament. Celui-ci est très fréquent à l'heure actuelle chez bon nombre d'individus.

QUELLES EN SONT LES CAUSES?

Tout d'abord, nous devons savoir que, devant toute agression morbide, l'organisme acquiert une immunité relative, due à son autodéfense antitoxinique; les germes sont ainsi facilement résorbés.

Mais si l'individu subit l'atteinte d'autres germes ou d'autres toxines inhabituels, son organisme va être appelé à fournir un travail intensif de défense, défense qui va être dépassée. Les toxines, non éliminées, se répandent dans l'organisme, infiltrent les tissus qui perdent leur tonicité, le malade gonfle et souffre d'une rétention liquidienne, il devient « *hydrogénoïde* ».

C'est ainsi qu'un nouveau tempérament s'installe à la suite d'apports toxiniques supplémentaires que l'organisme n'arrive plus à éliminer. Ces apports sont le fait d'infections vénériennes anciennes, dues au gonocoque.

L'erreur de l'allopathie est de croire qu'une blennorragie est guérie quand les symptômes ont disparu. Les toxines élaborées par le gonocoque ont, malgré toute thérapeutique, envahi profondément l'organisme pour aboutir à la formation de cet état hydrogénoïde. Même action de la part du colibacille, hôte normal de l'intestin, qui devient pathogène quand il franchit la barrière intestinale et passe dans la circulation.

La pratique intensive des sérums et des vaccins renouvelés trop souvent finit par modifier les structures de l'organisme et par là même son bon fonctionnement.

L'action à distance des antibiotiques trop largement administrés est également productrice de sycose. L'individu s'empâte, grossit. On a cru juguler une infection aiguë, mais on a préparé un nouveau terrain où les effets morbides sont souvent irréversibles.

Les vaccins, surtout le vaccin jennérien (antivariolique), est productif au plus haut degré de *Sycose*. Dès que l'agression vaccinale s'est manifestée, les muqueuses vont s'infiltrer d'eau et de graisse, et proliférer. Nous verrons s'élaborer des végétations chez les jeunes enfants, d'autant plus que, le vaccin ne « prenant » pas, l'organisme est encore soumis à la même agression.

Nous pouvons expliquer ainsi l'apparition des excroissances au niveau des muqueuses, des verrues, des polypes et même de petites formations tumorales plus ou moins bénignes.

L'homéopathie possède une arme efficace pour lutter

contre ce nouvel état : *Thuya*, l'arbre de vie, l'arbre toujours vert, qui est un puissant agent de renaissance, de rajeunissement. Grâce à sa résine spéciale, il opère judicieusement sur la sphère digestive, cutanée, humorale, locomotrice et mentale.

On sait comment Hahnemann découvrit les propriétés de *Thuya* : un jeune prêtre se présenta à lui avec tous les symptômes d'une blennorragie aiguë : il se plaignait d'un écoulement de l'urètre et affirmait n'avoir eu aucun contact sexuel. Cependant, Hahnemann remarqua que son patient mâchonnait négligemment des petites pousses de Thuya qu'il arrachait de temps en temps.

Hahnemann lui en fit la remarque et lui demanda de perdre cette habitude. Au bout dc quelques jours, les symptômes disparurent. Hahnemann expérimenta plus largement le remède et en dressa toute la pathogénésie.

• Comment se présente un sujet de Thuya?

Morphologiquement, le faciès est caractéristique : peau grasse, luisante, téguments épaissis, sillon nasogénien (ride naturelle entre le nez et l'extrémité des lèvres) très prononcé, queue du sourcil comme mangée, lèvres violacées, lilas clair avec un reflet blanchâtre comme si le sujet avait bu du lait. Le *Thuya* « carbonique » sera gros, gras et comme gonflé. Le *Thuya* « phosphorique » sera plus sec, quelquefois décharné.

Ce qui domine chez ce sujet, c'est surtout le psychisme fait d'inquiétude, de pessimisme, de grande émotivité. D'une vitalité diminuée, ce sujet peut sombrer dans une dépression grave, avec des idées fixes qui le poursuivent inlassablement (paranoïa).

Cc malade a un animal vivant dans le ventre, il a l'impression que son âme est séparée de son corps, qu'un étranger est allongé à côté de lui.

La sycose s'associe pratiquement à la psore, au tuberculinisme, au luétisme. Il se produit souvent une imbrication de signes et de symptômes difficiles à démêler.

Ainsi, au cours d'un traitement bien conduit, tous les symptômes disparaissent mais, bientôt, tout repart, le traitement terminé. C'est dire qu'il y a un état sycotique qui a fait barrage et que *Thuya* peut lever. Nous verrons au cours des traitements des différentes affections comment il faut conduire son jeu.

LES AGGRAVATIONS MÉDICAMENTEUSES.

Fréquentes, elles sont bénignes et jamais dangereuses. Elles peuvent être le fait de la prise d'une haute dilution dans un organisme non drainé, qui n'a pu faire les frais de la dose (en général, ce sont des 9 CH ou des dilutions encore plus élevées).

Le remède était fort bien indiqué mais, comme le ballon de football, il a dépassé le but. Dans ce cas, attendre, ne rien faire, sinon étudier patiemment les nouveaux symptômes que la prise de la haute dilution a fait naître, puis donner le remède (en dose 9 CH) qui va immédiatement tout faire rentrer dans l'ordre.

Nous avons parlé d'organisme mal drainé. Dans une affection chronique où les émonctoires sont souvent réduits ou bloqués, il importe de faire un drainage (biliaire, sanguin, cutané, rénal, etc.). Ainsi, les toxines mises brusquement en liberté par l'action d'une haute dilution seront évacuées sans dommage.

Par exemple, *Solidago* en 3 X (3e décimale), 10 gouttes avant chaque repas, drainera la cellule hépatique. *Chelidonium* drainera les voies biliaires; *Berberis* les voies urinaires; *Saponaria* la peau.

Nous voyons déjà combien est large la vision du médecin homéopathe et de quel riche clavier il dispose. Dès que le remède a été prescrit, le praticien a fait œuvre de diagnostic, de pronostic et de thérapeutique, œuvre globale qui recouvre l'étude si vaste de l'homme.

UN EXEMPLE DE PRESCRIPTION HOMÉOPATHIQUE.

Nous nous efforcerons de présenter au lecteur les différents aspects de chaque cas pathologique parmi les plus courants, tant dans leur manifestation aiguë que dans leur manifestation chronique.

Nous allons nous déplacer, partir en visite et voir au chevet du malade quels sont les renseignements à tirer de chaque observation. Nous irons ensuite auprès du médecin, dans son cabinet, en face du malade, pour étudier le déroulement d'une consultation homéopathique et établir une ordonnance.

Nous prendrons donc comme exemple, pour l'étudier par le menu détail, l'affection la plus banale, la plus fréquente, que tout le monde connaît, mais que bien peu soignent intelligemment. Il s'agit de la grippe, et non des petits malaises de la période hivernale tels que rhume de cerveau, mal de gorge, toux... Sa symptomatologie brutale, violente, frappe l'individu en pleine santé apparente, avec fièvre élevée, frissons, courbatures, etc.

L'ÉTAT GRIPPAL

• Qu'entendons-nous par grippe?

Nous en faisons une affection respiratoire localisée, au niveau soit du rhinopharynx, soit des bronches et des poumons, affection déclenchée par un refroidissement.

Avec l'esprit pasteurien qui anime toute la médecine moderne, on s'accorde à penser à un génie épidémique déclenché par un virus plus ou moins identifié, changeant chaque année et trouvant son origine dans des horizons lointains. Il n'en est probablement rien.

C'est surtout le fait d'un complexe météorologique:

température, pression atmosphérique, hygrométrie, passage des vents froids et chauds, qui agira chez de nombreux individus « météoro-sensibles » et favorisera chez eux une élimination brutale de toxines; celle-ci est d'autant plus brutale que le sujet présente un foie déficient, un rein surchargé, un intestin atone.

Mais comment expliquer que les mêmes symptômes « grippaux » se manifestent brusquement, le même jour, au même moment, chez des personnes qui n'ont eu aucun contact avec le monde extérieur, isolées totalement entre leurs quatre murs?

La réponse est simple : nous avons besoin de brûler nos poisons. Autrement, nous déposons nos déchets dans un coin quelconque de notre organisme avec comme corollaire un encombrement majeur des voies de dérivation, un engorgement hépatovésiculaire, un blocage des fonctions d'élimination rénale. Bien plus, un régime trop riche en glucides et protides, ralentit le torrent circulatoire, favorise la formation de thromboses et crée un vieillissement précoce.

Je ne dirai rien du vaccin classique antigrippe, je ne le conseille pas, sauf chez des sujets âgés, fragiles et ne pouvant faire les frais d'une affection fébrile.

L'homéopathe a une arme vaccinale fort efficace; préventivement, il est bon de prendre une fois par mois, pendant la période hivernale, 2 doses à trois jours d'intervalle d'*Influenzinum* (au besoin remplacées par *Oscillococcinum 200*). Cela n'immunise pas totalement mais minimise singulièrement la symptomatologie. Dès les premières atteintes d'une grippe, une nouvelle dose est recommandée.

En l'état actuel des choses, certains sujets grippés se contentent d'une petite diète, d'un repos au lit, d'une prise d'aspirine et l'état grippal persiste cependant plusieurs jours. D'autres font appel à la science officielle et à son cortège médicamenteux d'antibiotiques. La maladie est apparemment jugulée mais le patient reste fatigué, le foie débordé par l'atteinte médicamenteuse. La convalescence traîne, et ce n'est qu'après plusieurs semaines que la symptomatologie s'estompe, sans que pour cela le sujet soit guéri et à l'abri de toute rechute.

D'autres enfin, après la prise d'une dose homéopathique ou deux voient leur maladie guérie en quelques heures, sans séquelles. Je peux affirmer avoir eu l'expérience, au cours de trente années d'exercice, d'un résultat rapide et même spectaculaire.

Quel médecin n'a pas observé des épisodes grippaux après les agapes de Noël et du Nouvel An? Il y a quelques années, un professeur de la Faculté de Médecine de Paris, féru de voyages en Scandinavie, me disait être étonné de voir les Lapons, habitués à un régime sain, équilibré, non frelaté, présenter à chaque passage d'une croisière touristique des rhinopharyngites, des angines et des fièvres grippales.

Ce professeur, parti à la recherche des microbes apportés par les touristes, était loin de penser à la toxicité des friandises, bonbons, chocolats, etc., que ces mêmes touristes avaient largement distribués.

• Les remèdes de la grippe.

Au chevet du malade, nous prescrivons immédiatement la dose d'*Influenzinum*.

Si nous arrivons suffisamment tôt, au tout début du mal, c'est-à-dire devant un malade frissonnant, claquant des dents en même temps que la température monte, il est de rigueur de donner une dose de *Camphora* 9 CH, suivie du même remède *Camphora* 4 CH, 2 granules de quart d'heure en quart d'heure. En général, tout rentre dans l'ordre.

Malheureusement, si on arrive trop tard, le stade *Camphora* est dépassé. Le malade est agité, il a chaud, sa peau est sèche. Signe caractéristique, la face du patient est rouge violacé et elle devient pâle, d'une pâleur cadavérique dès qu'il s'assied ou se lève. C'est alors l'indication d'*Aconit* en 9 CH, suivi du même en 4 CH tous les quarts d'heure. C'est le remède des sujets qui tombent brusquement malades après une exposition à un vent froid et sec (vent d'est).

Camphora-Aconit suffisent souvent à juguler une grippe au début. Tout paraît résorbé, la température est à 37°.

Cependant, après cette atteinte brutale, le malade demeure fatigué, il ne tousse pas, ne présente aucun symptôme pulmonaire, il n'a pas soif ; mais il dort mal, a chaud, cherche à rejeter ses couvertures. Quelques granules de *Sulfur* 4 CH ou 5 CH suffiront alors à donner le « coup de balai » final pour stopper toute inflammation, toute récidive et pour éviter une convalescence traînante.

Voilà un schéma thérapeutique fort simple qui vaut dans la plupart des cas, non seulement pour la grippe d'ailleurs, mais pour toute atteinte fébrile de quelque origine que ce soit.

J'ai l'habitude de joindre à mon traitement, en même temps que la prise de granules, l'absorption en perlinguale de quelques ampoules d'oligo-éléments, en l'occurrence de *Cuivre* (4 ou 5 dans la journée en période aiguë). Ce n'est pas à vrai dire de l'homéopathie, mais ces produits agissent par leur seule présence comme anti-infectieux.

En définitive, si on veut un tableau complet, à titre de fortifiant, il suffit de prescrire ensuite 10 gouttes avant chaque repas (midi et soir) de *Céréales germées* 3 X.

Ces formules ne sont pas toujours aussi simples. Au tableau classique *Influenzinum – Sulfur – Aconit*, il sera souvent utile d'adjoindre des remèdes d'appoint, suivant la symptomatologie.

• Le malade est brûlant, avec un visage rouge, une toux sèche, quelquefois de petits crachements de sang, des hémorragies nasales. Il présente une grande fatigue. On prescrira *Ferrum phosphoricum* en doses 9 CH et en granules 4 CH, que l'on peut alterner avec *Aconit*.

• Courbatures, tremblements, maux de tête surtout au niveau de la nuque. Souvent, alors, un coryza s'installe. Le malade n'a jamais soif. On prescrira *Gelsemium 9 CH*.

• Courbatures généralisées, douleurs profondes au niveau des membres, allant jusqu'à l'os. Le malade a soif et peut présenter des vomissements de bile et d'abondantes transpirations. On prescrira *Eupatorum perfoliatum* 9 CH, puis en 4 CH.

Nous avons déjà, avec une pharmacie réduite à sa plus simple expression, une thérapeutique quasi totale.

LES LOCALISATIONS GRIPPALES.

LE CORYZA

Cette grippe peut se localiser uniquement au niveau rhinopharyngé.

• Le malade a soif, il transpire, il a une mauvaise haleine, les écoulements rhinopharyngés sont clairs, irritants. La langue est large, étalée, recouverte d'un enduit crémeux et gardant l'empreinte des dents : *Mercurius* 4 CH et *Belladonna* 4 CH, à donner toutes les heures, en alternant.

• Si l'écoulement nasal est très irritant, on remplace *Mercurius solubilis* par *Mercurius corrosivus*.

• Si des éternuements profus se manifestent, nous avons l'indication d'*Allium Cepa* (soit en 9 CH, soit en 4 CH).

Tous ces remèdes peuvent s'associer; les donner en alternant d'heure en heure.

LA BRONCHITE

Si une bronchite s'est déclarée, nous prescrivons *Bryonia* et *Ipeca*.

• La toux est sèche : *Bryonia*.

• Elle est grasse : *Ipeca*, du moins si la langue est toujours propre.

• Si la langue est sale, il vaut mieux essayer *Antimonium tartaricum*.

En résumé, toute bronchite, sauf complications, correspond à l'équation :
– période de crudité : *Bryonia* ;
– période de coction : *Ipeca*.

• L'expectoration peut devenir épaisse, jaune, filante, visqueuse ; penser à *Kali bichromicum* 4 CH.

• L'affection est en voie d'atténuation ; donner à ce moment le « coup de balai » qui va permettre une convalescence rapide, c'est-à-dire *Sulfur* 5 CH (3 granules au coucher).

La thérapeutique sera complétée par l'apport de deux produits qui en renforceront l'effet. Ce sont deux oligo-éléments : *Cuivre-or-argent* (oligosol) et *Manganèse-cuivre* (oligosol), une mesure directement sur la langue, en alternant, un jour l'un, un jour l'autre, par exemple avant le repas de midi.

LES ANGINES

Tous les remèdes cités dans le cas des bronchites correspondent à un état turberculinique. Le sujet va localiser son inflammation d'abord, son infection ensuite, au niveau de la gorge. Il sera possible pour une angine de se référer au traitement de début de bronchites (*Belladonna* et *Mercurius*).

• L'angine peut survenir brutalement : angine rouge avec grosse température, la luette très gonflée, pâle, translucide. Le malade peut présenter de l'agitation, des douleurs violentes de tête et même des accidents méningés. C'est l'indication d'*Apis*, le venin d'abeille.

• Il n'est pas rare de voir en fin de vacances, au début de l'automne, des enfants présenter des accidents aigus avec fièvre, mal de gorge, accidents méningés, notamment s'ils ont fait de trop longs séjours à la mer (surtout l'océan) ; ils sont imbibés de chlorure de sodium, de sel marin.

• L'élimination brutale de ce sel marin peut provoquer de tels accidents, qu'une dose d'*Apis* jugulera rapidement.

• Si l'angine siège à droite, penser à *Lycopodium* 5 CH (à donner au réveil et à 16 heures). On peut associer *Mercurius protoiodatus* 4 CH (2 granules toutes les heures).

• A gauche, l'angine sera justiciable de *Lachesis* 5 CH (au réveil et au coucher) avec *Mercurius biiodatus* 4 CH.

• Si la déglutition est impossible, avec douleurs irradiant dans les oreilles, si les amygdales sont très grosses, enflées, douloureuses, et si elles présentent de part et d'autre sur leur face externe (les poliers) une trace rougeâtre comme un coup de pinceau, ce sera *Phytolacca* 4 CH.

• La muqueuse est rouge vif. Le malade présente un signe important : il éprouve le besoin de se gratter les lèvres jusqu'au sang. On donnera *Arum triphyllum* 5 CH ou 4 CH.

Ajoutons enfin que l'homéopathie ne comporte pas de contre-indication. Il existe seulement quelques produits (la menthe et les infusions aromatisées) qui peuvent entraver l'effet des remèdes ; la même remarque est valable pour l'abus d'alcool ou de tabac.

CHAPITRE II

DANS LE CABINET DU MÉDECIN HOMÉOPATHE

LES PRINCIPALES CONSULTATIONS

Les troubles digestifs

« Docteur, j'ai mal à l'estomac. »
« Je digère mal, j'ai des brûlures d'estomac. »
« J'ai de l'aérophagie, je suis constipé. »
« J'ai de l'entérite. »
Les aversions alimentaires.
Les désirs.

Voilà les nombreux problèmes auxquels doit faire face le médecin homéopathe au cours de sa pratique journalière.

Étudions tout d'abord l'affection la plus banale, la moins grave, la plus courante et par là même la plus curable.

L'INDIGESTION.

C'est un trouble passager et brutal des fonctions digestives, qui survient la plupart du temps quelques heures après l'ingestion d'un repas trop copieux ou d'un mets avarié. Le froid, les émotions, les chagrins peuvent aussi être la cause de cette affection.

Une indigestion se manifeste par :
- un malaise général avec chaleur, plénitude au creux de l'estomac, sueurs froides et parfois état syncopal,
- un hoquet avec nausées et vomissements acides et aigrelets,
- des coliques avec évacuations diarrhéiques.

Cependant, il ne faut jamais oublier que certaines affections particulièrement graves débutent de cette façon. On risquerait de perdre un temps précieux en méconnaissant une appendicite, une occlusion intestinale, un empoisonnement aigu. En cas de doute, ne jamais hésiter à faire venir le médecin traitant.

D'abord demander ce qu'a mangé le malade. Si les troubles surviennent après avoir mangé trop d'aliments gras, administrer : *Antimonium crudum.*

Après abus de fruits : *China.*

Après abus de viandes grasses et surtout de veau : *Ipeca.*

Après abus d'aliments avariés ou de glace : *Arsenicum album.*

Après excès d'alcool, de vin ou de mets stimulants : *Nux vomica* ou *Bryonia.*

Après abus de pâtisseries : *Pulsatilla.*

Tous ces remèdes peuvent être prescrits au 4 CH à raison de 2 granules toutes les demi-heures.

Si le diagnostic ne peut être établi aussi clairement, il suffira de faire tirer la langue au malade, la langue étant le « miroir de l'estomac », pour déterminer le remède.

• La langue est large, recouverte d'un enduit jaune ou brun, très épais surtout dans son milieu : *Bryonia.*

• Elle est propre : *Ipeca.*

• La langue est recouverte d'un enduit épais, blanc jaunâtre dans sa partie postérieure, la moitié antérieure restant toujours propre : *Nux vomica.*

• Elle est recouverte d'un enduit jaune, adhérant comme une fausse membrane : *Pulsatilla.*

• Langue sèche, noire, comme brûlée : *Arsenicum album.*

• Langue recouverte d'un enduit blanc, épais, crémeux : *Antimonium crudum,* remède le plus fidèle, le plus actif dans tous les cas d'indigestion.

Rappelons la coutume au Moyen Age ou dans les campagnes : chaque famille possédait une petite boule d'antimoine qu'on faisait avaler au malade dans tous les cas de troubles digestifs, boule que l'on récupérait dans les selles le lendemain ou le surlendemain, et qu'on conservait prudemment pour une prochaine occasion.

LES VOMISSEMENTS.

• En règle générale, ce sont *Antimonium crudum* et *Ipeca* les plus fréquemment indiqués.

• Cependant, chez les jeunes enfants, ou même le nourrisson, donner : *Aethusa cynapium,* surtout s'il y a intolérance pour le lait, qui est vomi aussitôt sous forme de lait caillé.

• L'enfant est très fatigué par ses vomissements, il s'assoupit très facilement. Le vomissement acétonémique est reconnaissable à l'odeur de l'haleine rappelant la pomme de reinette. Les coliques accompagnent les vomisssements. L'enfant a des nausées et une certaine pâleur de la face. Donner *Senna.*

MAL DES TRANSPORTS, MAL DE MER.

• Tout d'abord, quelques heures avant le voyage, pour calmer l'hyperexcitabilité nerveuse, donner une dose d'*Ignatia* 9 CH. (Toute la dose à sec sur la langue, que ce soit un adulte ou un enfant.)

• Au cours du voyage, si le sujet a des vertiges, des nausées, et ne cherche qu'à s'allonger dans sa cabine, sans bouger : donner *Cocculus* (coque du Levant).

Les pêcheurs du Moyen-Orient cherchent à attraper le poisson avec ce produit, causant ainsi un état de faiblesse paralytique avec nausées chez ces poissons, qui se laissent capturer plus facilement.

• A la différence du précédent, le malade a besoin de monter sur le pont du bateau pour s'aérer et respirer de l'air frais. Donner *Tabacum*.

• Un autre remède également utile : Petroleum (le pétrole).

Les personnes naviguant sur des pétroliers n'ont en effet pas le mal de mer. Ce remède doit être pris préventivement en 5 CH (matin et soir), une semaine avant le voyage.

LA CONSTIPATION.

Il est illusoire de provoquer artificiellement la selle par l'emploi de laxatifs qui entretiennent, par là même, la constipation sans en soigner la cause véritable.

En dehors de la diététique, des règles d'hygiène et de la kinésithérapie, il est judicieux d'employer les remèdes homéopathiques suivants, selon que nous serons en présence d'une constipation sans besoins ou avec besoins.

1) La constipation sans besoins.

Bryonia;
Thebaicum;
Graphites.

• *Thebaicum* (opium) : nous savons qu'à haute dose l'opium constipe, et qu'à dose infinitésimale il est un excellent remède contre la constipation.

• *Graphites* (mine de plomb) : remède des enfants qui suçaient autrefois leur crayon au cours de leur travail.

Ces trois remèdes sont donnés efficacement à raison d'une dose au coucher en 9 CH, trois soirs par semaine, en alternant.

• Il sera utile d'ajouter un traitement de : *Calcarea acetica* I X, une mesure directement sur la langue, un quart d'heure avant les repas.

2) La constipation avec besoins.

Nux vomica;
Causticum;
Anacardium.

Ces trois remèdes peuvent être prescrits en 4 CH, 5 CH, très fréquemment.

• Le malade qui a absorbé de nombreux laxatifs a cependant des besoins urgents qu'il ne peut satisfaire; il a l'impression de ne pouvoir jamais vider son intestin : *Nux vomica.*

• Le malade a également des besoins – les selles sont laminées comme un crayon et, signe caractéristique, les selles passent mieux, le malade est debout : *Causticum.*

• Le malade a l'impression de bouchon, d'un poids lourd au niveau de l'anus. Il y a une certaine constriction au niveau de l'anus. Son état est toujours amélioré en mangeant : *Anacardium*.

• On pourra joindre au traitement : *Taraxacum* (pissenlit). Les paysans du Vaucluse se libèrent facilement de leurs troubles digestifs en consommant en hors-d'œuvre des salades de pissenlit.

Il est utile de rappeler qu'en dehors des principaux remèdes précédemment décrits, il importe d'étudier d'autres médecines dont les caractéristiques spéciales conviennent à certains sujets.

• Selles « muriatiques », comme des crottes de brebis, s'émiettant sur le bord de l'anus : *Natrum muriaticum* 5 CH ; *Ammonium muriaticum*, 5 CH ; *Magnesia muriaticum*, 5 CH.

• Extrême difficulté à déféquer malgré de grands efforts. Partiellement expulsées, les selles retournent dans le rectum : *Silicea* 5 CH ; *Sanicula* 5 CH ; *Thuya* 5 CH.

• L'abdomen est douloureux – le malade accuse une pesanteur dans le bas-ventre. Il a des besoins constants le matin au réveil, après avoir mangé, en se levant, en urinant, et il a peur d'expulser une petite selle. Les selles sont souvent comme de la gelée : *Aloe* 4 CH ou 5 CH.

• Chez l'enfant et le vieillard : *Nyctanthes* 3 D ; *Ajuga Reptans*, également en 3 D.

• Penser au malade qui est toujours mieux quand il est constipé : *Calcarea carbonica* 5 CH ou 7 CH.

• Constipation alternant avec diarrhée : *Antimonium Crudum* 4 CH ou 5 CH.

• Selles en partie solides, en partie liquides, et demandant de gros efforts d'expulsion : *Podophyllum* 4 CH ou 5 CH.

• Constipation avec coliques violentes irradiant dans tout le corps et obligeant le malade à prendre toutes sortes de positions. Les selles sont dures, en boules noires : *Plumbum* 5 CH ou 7 CH.

• Constipation s'accompagnant de troubles hépatiques : *Lycopodium* 5 CH – 7 CH – 9 CH.

• Selles dures, petites, sableuses, difficiles à expulser. Ne pas oublier l'apport efficace de l'organothérapie : *Foie* 4 CH – en suppositoires tous les deux jours –, alterné avec *Colon gauche* 4 CH et *Muqueuse recto-sigmoïde* 4 CH.

D'autre part, on peut avoir recours à la gemmothérapie sous forme de gouttes de *Vaccinim vitis idaca* (vigne du mont IDA) en macérat glycériné (1 D) – 30 gouttes une fois par jour.

La lithothérapie permet d'utiliser, tous les matins à jeun, des ampoules soit pures soit diluées dans un peu d'eau de : *Grès rose* D 8.

• Le malade peut présenter des symptômes d'entérocolite mucomembraneuse. Donner : *Hydrastis* 3 CH – 4 CH – 5 CH. C'est le remède des sécrétions épaisses, visqueuses, filantes, jaunâtres ; efficace chez le malade ayant abusé des laxatifs.

A signaler une réflexion très juste du Dr Pech : « Dans les troubles de l'intestin, *Nux vomica* 7 CH, *Allium sativa* 4 CH et *Iris versicolor* 4 CH associés m'ont rarement déçu. »

Cette thérapeutique est d'ailleurs valable pour tous les sujets atteints de diarrhée.

LES DIARRHÉES – LA COLITE.

La diarrhée n'est pas une maladie indépendante, mais un simple phénomène symptomatique d'une affection plus profonde.

• Les inflammations intestinales (entérocolite) peuvent être calmées dès leur début par : *Croton tiglium.*

C'est une plante qui a des effets purgatifs intenses. Inversement, ce remède agira chez les sujets qui éprouvent un violent besoin d'aller à la selle dès qu'ils mangent ou qu'ils boivent. Action très efficace du remède en 4 CH, renouvelé fréquemment. Dans un cas aigu, on peut le prescrire toutes les heures.

• La diarrhée est très abondante, elle s'accompagne toujours de vomissements. Le malade a des coliques violentes, il est prostré, avec la face pâle, froide, couverte de sueurs : *Veratrum album* (hellébore).

• La colique dysentériforme (dysenterie), outre les deux remèdes précédents, sera toujours justifiable de : *Mercurius* (si le malade a une langue sale, chargée d'un enduit jaunâtre, gardant l'empreinte des dents).

On peut employer : *Mercurius solubilis.*

Un autre *Mercurius,* le sublimé corrosif, le *Mercurius corrosivus,* sera un remède pour un état plus grave, avec douleurs intenses, brûlures au niveau des voies urinaires.

• Le malade a la langue propre; les selles sont abondantes, plus ou moins sanguinolentes : *Ipeca.*

• A signaler un tout petit remède, qui peut rendre de grands services quand la diarrhée survient dès l'ingestion de la moindre quantité de nourriture ou de boisson, le *Trombidium* donné en 4 CH (mouche domestique).

• Les douleurs abdominales seront vite calmées par : *Colocynthis* 4 CH donné de quart d'heure en quart d'heure.

• Si le malade a des crampes douloureuses, du hoquet, on peut ajouter : *Cuprum* 4 CH.

• Nous pourrons joindre ensuite, si le sujet présente un état psorique (alternance de troubles intestinaux avec d'autres souffrances, asthme, éruption, hémorroïde) : *Sulfur* donné en haute dilution, en 9 CH, une fois par quinzaine.

• Si le sujet présente un état sycotique (douleurs musculaires et articulaires, aggravées par la pluie ou le froid humide) : *Natrum sulfuricum* (sulfate de soude). Nous connaissons les effets purgatifs de ce produit aux doses allopathiques.

Le répertoire ci-dessous permettra de trouver facilement le remède correspondant à chaque état.

En cas d'urgence, si le malade présente une diarrhée à la suite d'un refroidissement, de la prise d'un aliment douteux ou indigeste, ou d'une émotion et s'il n'y a pas de température, un remède s'impose : *Aloe* composé – 2 granules toutes les heures. Plus spécifiquement, on prescrira selon le cas :

• Diarrhée émotive : *Gelsemium* 5 CH et *Argentum nitricum.*

• Après une colère : *Chamomilla* 4 CH ou 5 CH; *Colocynthis* 4 CH ou 5 CH.

• Vomissements (choléra) : *Veratrum album* 5 CH.

• Troubles hépatiques : *China* 4 CH et *Chelidonium* 4 CH : 2 granules de chaque toutes les deux heures; *Ricinus composé* : 10 gouttes trois fois par jour.

• Diarrhée aggravée par le café : *Cyclamen* 4 CH : 2 granules toutes les deux heures.

• Diarrhée aggravée par l'absorption d'acide : *Antimonium crudum* 4 CH; *Aloe* 4 CH alternés.

• Diarrhée après avoir mangé du melon : *Zingiber* 5 CH; *Aloe* 5 CH.

• Diarrhée après l'absorption de bière : *Kali bichromicum* 4 CH.

• Diarrhée suite à l'ingestion de pâtisseries : *Pulsatilla* 4 CH.

• Diarrhée suite à l'absorption de glace, gibier, viande avariée : *Arsenicum album* 7 CH : 1 dose; suivi du même remède en 4 CH toutes les heures.

• Diarrhée après l'ingestion de lait : *Sepia* 4 CH ou 5 CH.

• Diarrhée le matin de bonne heure avec besoins impérieux obligeant le malade à sortir du lit : *Rheum* 4 CH.

• Diarrhée aiguë ou chronique, pâle, sans odeur, sans douleur, sans épuisement : *Phosphoric acid* 4 CH.

• Diarrhée aiguë avec fièvre : appeler le médecin; en attendant, surtout chez un nourrisson ou un enfant, donner : *Ferrum phosphoricum* 7 CH ou 9 CH, suivi du même remède en 4 CH, fréquemment renouvelé. Ajouter, si les selles sont comme les épinards hachés : *Aconit* 4 CH. On poursuivra par : *Botulinum*, pour une diarrhée toxique, et *Enterococcinum* ou *Colibacillinum* à la suite de colite muco-membraneuse. On envisagera également. *Tuberculinum* ou *Psorinum*, suivant le tempérament du malade.

LES BRÛLURES D'ESTOMAC.

C'est la dyspepsie acide, souvent le premier stade d'une lésion ulcéreuse gastrique, d'où l'importance d'une radiographie systématique dans tous les cas.

Quatre remèdes sont généralement indiqués avec efficacité :
Mercurius corrosivus;
Lycopodium;
Iris versicolor;
Robinia.

• Brûlures d'estomac avec besoin d'aliments froids; les brûlures s'étendent à la gorge et la déglutition est très pénible : *Mercurius corrosivus.*

• Brûlures qui remontent le long de l'œsophage jusque dans la gorge. Le sujet va toujours plus mal l'après-midi vers 16 heures : *Lycopodium.*

• Tout le tube digestif est brûlant : la bouche, la langue, l'estomac, l'anus. A signaler des migraines avec vomissements : *Iris versicolor.*

• Le sujet a des renvois acides ou aigres. A donner en 4 CH, 2 ou 3 granules, au moment des douleurs. *Robinia* (faux acacia), petit remède très fidèle.

D'autres remèdes peuvent être indiqués :
Argentum metallicum;

Arsenicum album;
Phosphorus.

Mais ils correspondent à un état lésionnel de la muqueuse gastrique. Leur prescription est du ressort du médecin homéopathe.

L'ULCÈRE D'ESTOMAC.

Le traitement diffère très peu de celui des dyspeptiques.

Cette maladie psychosomatique requiert une thérapeutique qui agira sur le système nerveux central. Les remèdes de fond seront donc de première importance. Rappelons :

Natrum muriaticum;
Sepia;
Sulfur;
Lachesis;
Lycopodium.

Les remèdes symptomatiques les plus fréquents sont :

• *Kali bichromicum :* très important, à donner surtout en cas de douleurs se manifestant en de petits endroits, qui pourraient être recouverts par le bout du doigt (un point au niveau du pylore). Ces douleurs alternent avec des douleurs rhumatismales, surtout dans le membre inférieur gauche (sciatique); elles peuvent changer brusquement de place, passer d'une articulation à une autre.

A signaler, un symptôme important du remède : il y a toujours des sécrétions muqueuses, filantes, gélatineuses, qui obligent le malade à racler sa gorge tous les matins pour les expulser.

• *Mercurius corrosivus* (le sublime) : c'est un excellent calmant des brûlures dues à l'ulcère. Le malade a une soif intense et présente une salivation exagérée – signe important : langue large étalée gardant l'empreinte des dents.

• *Arsenicum album* : à prescrire au malade qui ne peut supporter fruits, crèmes glacées, boissons alcoolisées, qui a très soif de petites quantités d'eau glacée et qui vomit très souvent aussitôt après avoir bu ou absorbé quelque aliment.

Ce remède est complété heureusement par : *Bismuthum* en 5 CH, fréquemment répété.

Si la localisation de l'ulcère se situe au niveau du pylore, penser à : *Ornithogalum*, toujours calmé par des boissons chaudes.

• La douleur très localisée au niveau du plexus solaire (entre l'ombilic et le sternum) sera justiciable de : *Plexus solaire* 4 CH en suppositoires.

Les oligo-éléments peuvent toujours être associés à la thérapeutique homéopathique. A noter surtout : *Manganèse-Cobalt*, en ampoules à jeun, en perlinguale, deux ou trois fois par semaine.

Chez les sujets qui présentent des symptômes d'arthrose, des troubles de l'élimination urinaire ou cutanée (eczéma) et des phénomènes d'instabilité nerveuse, on peut ajouter du *zinc-nickel-cobalt* ou du *cobalt* en cas de douleurs localisées soit au foie, soit au pancréas.

La gemmothérapie pourra également être bénéfique, sous forme de gouttes de *Ficus carica* (bourgeons de figuier), en macérat glycériné 1 D – 10 gouttes avant chaque repas.

• *Phosphorus* associé à *Ipeca* peut calmer les patients atteints d'ulcère avec hémorragies – de sang rouge brillant. A signaler avec *Ipeca* : une langue toujours propre, une salivation intense, mais l'absence de soif.

Si les hémorragies persistent penser à : *Matico* (Teinture Mère) – 30 à 40 gouttes dans un peu d'eau à renouveler très souvent.

L'organothérapie est d'un apport souvent très efficace. A retenir : *Muqueuse Gastrique* 4 CH – en suppositoires deux fois par semaine.

Si la localisation se trouve au niveau de la grande ou de

la petite courbure, au niveau du duodénum ou du pylore, donner : *Muqueuse duodénale* 4 CH ou *Bulbe duodénal* 4 CH.

Enfin la lithothérapie nous propose : *Glauconie* D_8 en ampoules tous les matins à jeun dans un peu d'eau. Ce remède rééquilibre d'autre part le système neurovégétatif.

L'APPENDICITE.

Organe lymphoïde méprisé et très souvent voué au bistouri, il remplit un grand rôle dans la défense de l'organisme, tout comme les amygdales, proches parentes si l'on en juge par leur constitution histologique, mais pour lesquelles aujourd'hui on redoute la crise radicale.

L'appendicite aiguë semble être réservée au chirurgien. En effet l'intervention chirurgicale pratiquée dans les meilleures conditions reste la solution la plus satisfaisante.

Cependant il n'est pas inutile de rappeler qu'en cas de crise aiguë, en attendant la venue du chirurgien ou de l'ambulance, il est opportun de donner d'heure en heure *Iris tenax* 9 CH, alterné avec *Belladona* 9 CH, et d'ajouter du *Cuivre* (Oligosol), en ampoules directement sur la langue.

Si amélioration, continuer par : *Pyrogenium* 9 CH, 1 dose, et quatre ou cinq fois par jour 2 ou 3 granules d'*Arsenicum Album* 5 CH.

Pour certains auteurs, une autre thérapeutique s'est révélée valable contre les appendicites aiguës ou chroniques : *Enterococcinum* 9 CH, 1 dose au début d'une crise, suivie de : *Appendice* 4 CH (traitement organothérapique à prendre en granules plusieurs fois par jour).

L'intervention peut s'en trouver facilitée et les suites désagréables être évitées.

L'appendicite peut subvenir chez un tuberculinique. Si la crise est calmée ou si l'intervention a été pratiquée, donner quelques doses de *Sulfur iodatum* 9 CH tous les quatre à cinq jours, et à jeun, le matin, 1 mesure de *Manganèse-Cuivre* alternée avec *Cuivre-Or-Argent.*

LA DYSPEPSIE FLATULENTE.

C'est l'aérophagie, ou dyspepsie hypochlorhydrique. Dans sa phase aiguë, un remède très important : *Carbo vegetabilis,* le charbon végétal, employé par l'école officielle à doses pondérables. A doses homéopathiques, en 9 CH, il peut juguler rapidement tous les états de flatulence. Il sera avantageusement associé avec *Lycopodium* et *China.*

Nous avons ainsi une triade médicamenteuse que l'on peut prescrire systématiquement. Ordonnance type :

Carbo vegetalis 5 CH : 3 granules au réveil;
Lycopodium 5 CH : 3 granules à 17 heures;
China 5 CH : 3 granules au coucher.

Nous pouvons joindre :

Raphanus en 3e décimale à raison de 10 gouttes avant chaque repas (midi et soir). Raphanus est le radis noir et nous savons ses propriétés quant aux flatulences qu'il provoque.

Nous ajouterons toujours en doses, espacées de quinzaine en quinzaine, les principaux remèdes de fond :

Ignatia : c'est la fève de saint Ignace, qui soigne des troubles psychiques et sympathiques après des émotions ou des contrariétés;

Thuya : le remède sycotique par excellence, qui soulage les rhumatisants dont l'état est aggravé par l'humidité. Ce sont toujours des sujets gros, gras, infiltrés, qui ne supportent pas la viande fraîche, les pommes de terre ni les oignons, qui leur donnent des gaz. Symptôme particulier : le bout de la langue est rouge vif.

LE HOQUET.

Il est provoqué par un remplissage trop rapide de l'estomac, par l'ingestion de boissons froides ou alcoolisées, également par la colère, la surprise, une crise de larmes.

• Hoquet aggravé en buvant, amélioré par le repos et en se penchant en arrière : *Belladona* 4 CH.

• Hoquet au cours d'un repas, amélioré en se penchant en avant : *Hyoscyamus* 4 CH.

• Hoquet provoqué par un chagrin, une émotion : *Ignatia* 5 CH.

• Hoquet après un repas trop copieux : *Nux vomica* 5 CH.

• Hoquet très violent : *Stramonium* 5 CH ou 9 CH, ou *Cuprum* 5 CH ou 9 CH.

LES TROUBLES DE L'APPÉTIT.

Les remèdes à envisager dépendent des troubles manifestés par le patient :

– Manque d'appétit (anorexie) : *Arsenicum – China – Chelidonium – Natrum muriaticum – Ferrum metallicum – Pulsatilla.*
– Appétit qui revient après les premières bouchées : *China.*
– Anorexie à la vue des aliments : *Colchicum.*
– Anorexie à l'odeur des aliments : *Sulfur.*
– Faim alternant avec anorexie : *Ferrum metallicum.*
– Faim la nuit : *Lycopodium – Phosphorus – Psorinum.*
– Faim pendant la fièvre : *Phosphorus.*
– Faim avant le mal de tête : *Psorinum.*

– Faim après avoir mangé : *Lycopodium – Phosphorus – Iodum.*
– Appétit vorace le matin : *Natrum muriaticum – Sulfur.*
– Appétit vorace la nuit : *China – Phosophorus.*
– Voracité (la faim augmente en mangeant) : *Lycopodium.*
– Appétit vite rassasié : *China – Lycopodium – Platina.*

LES AVERSIONS – LES DÉSIRS.

Il est important pour situer son client de le classer dans un tempérament donné. Par là même, on institue un diagnostic et un traitement. Beaucoup de malades se plaignent d'ailleurs spontanément de dégoût de certains aliments et de désirs anormaux.

Systématiquement, il est possible de prescrire :

POUR LES AVERSIONS :

– LAIT : *Sepia – Sulfur – Pulsatilla – Lac defloratum.*
– LAIT MATERNEL : *Silicea.*
– SUCRE : *Graphites.*
– LÉGUMES : *Magnesia carbonica.*
– ODEUR DES ALIMENTS : *Cocculus – Colchicum – Ipeca.*
– ŒUFS : *Colchicum – Ferrum metallicum.*
– OIGNONS : *Sabadilla.*
– POISSON : *Graphites.*
– POISSON SALÉ : *Phosphorus.*
– PAIN : *Nitri acid – Lycopodium.*
– POMMES DE TERRE : *Thuya – Alumina.*

- Aliments gras : *Petroleum – Sepia – Pulsatilla.*
- Beurre : *China – Pulsatilla.*
- Bière : *China – Nux vomica.*
- Huîtres : *Phosphorus.*
- Fromage : *Chelidonium.*
- Soupe : *Arnica – Graphites – Rhus tox.*
- Viande : *Sepia – Pulsatilla – Lycopodium – Nitri acid – Natrum muriaticum.*
- Café : *Natrum muriaticum.*
- Vin : *Sabadilla.*

POUR LES DÉSIRS :

- Bière : *Kali bichromicum – Nux vomica – Sulfur.*
- Café : *Nux vomica – Angustura.*
- Sel : *Natrum muriaticum.*
- Sucre : *Lyopodium – Argentum nitricum – Kali carbonicum – Sulfur.*
- Fruits : *Phosphoric acid – Veratrum album.*
- Fruits acides : *Veratrum album.*
- Glace : *Veratrum album.*
- Crème glacée : *Phosphorus.*
- Huîtres : *Lachesis.*
- Crudités : *Sulfur.*
- Pain : *Mercurius solubilis* ou *Vivus.*
- Poisson : *Natrum muriaticum.*
- poivre : *Lac caninum.*
- Moutarde : *Cocculus.*
- Lait : *Rhus Tox.*
- Vin : *Phosphorus – Sulfur.*
- Viande de porc : *Crotalus – Tuberculinum.*

– Légumes : *Alumina* – *Magnesia muriatrica.*
– Œufs : *Calcarea carbonica.*

LES INTOLÉRANCES ALIMENTAIRES.

En dehors des aversions et des dégoûts, beaucoup de malades ne supportent pas certains aliments.

Pour ceux qui ne tolèrent pas :

Le lait, donner une heure avant la prise de cet aliment 4 ou 5 granules de *Lac vaccinum* 4 CH.

Les fruits, donner une heure avant 2 granules de chaque remède : *China* 4 CH, *Bryonia* 4 CH, *Ipeca* 4 CH.

Les œufs, donner : *Peptone d'œuf* 4 CH.

Le poisson, donner : *Peptone de poisson* 4 CH.

Les huîtres, donner : *Calcarea ostreica* 4 CH.

Les fraises, donner : *Fragaria* 4 CH.

Le chocolat, donner : *Theobrominum* 4 CH.

L'alcool : *Nux vomica* 5 CH, 2 granules au réveil, *Lachesis* 5 CH, 3 granules au coucher, *Quercus glandium spiritus* 3 X, 10 gouttes, avant chaque repas (midi et soir).

L'IVRESSE.

• Il est possible de dégriser rapidement un individu avec *Asconit* 5 CH : 10 granules dans un demi-verre d'eau, et donner une cuillerée à café toutes les cinq minutes.

Ce traitement serait supérieur à l'ingestion d'ammoniaque que prescrit l'ancienne école officielle.

• Avant un banquet, pour diminuer la sensibilité à l'alcool, prendre : *Ethylicum* 5 CH : 4 ou 5 granules, une heure avant, et *Paullinia* 4 CH : 4 ou 5 granules, une demi-heure avant.

Il est possible de renouveler ces deux remèdes après le banquet.

QUELQUES ORDONNANCES HOMÉOPATHIQUES A PROPOS DE PLUSIEURS AFFECTIONS DIGESTIVES.

• Un malade se présente : il est fatigué, nerveux, irritable ; il a bon appétit, il a soif, il abuse même d'apéritifs et d'alcools. Il digère mal, a des lourdeurs d'estomac, il est gonflé et doit desserrer sa ceinture après les repas. Cela se manifeste environ une heure après la fin du repas. Il éprouve le besoin de s'allonger, de faire une petite sieste, ne fût-ce que d'un quart d'heure, ce qui l'améliore instantanément.

Son abdomen est également ballonné. Il a besoin d'aller à la selle mais n'arrive pas à se libérer complètement. Il a mal aux reins. Il va mieux dans la position assise. Il peut s'appuyer dos et reins sur un dossier de chaise ou de fauteuil. Il transpire facilement et est profondément épuisé.

Notre ordonnance : *Nux vomica* 5 CH : 3 granules au coucher ; *Kali carbonicum* 5 CH : 3 granules au coucher ; *Solidago* 3 X : 10 gouttes avant chaque repas (midi et soir).

• Un autre patient, une femme, cette fois, accuse des troubles digestifs, un manque d'appétit, des nausées, de la flatulence, une aversion pour le lait et les graisses. Elle désire des choses acides, des condiments, des aliments vinaigrés.

Elle a la sensation d'une lourdeur dans le bas-ventre, d'un poids dans le rectum, comme une « boule ». Les selles sont dures, sèches, expulsées avec grande difficulté.

Notre ordonnance : *Nux vomica* 5 CH : 3 granules au réveil; *Sepia* 5 CH : 3 granules au coucher; *Carduus marianus* 3 X : 10 gouttes avant chaque repas, midi et soir.

Voilà deux ordonnances fort simples et efficaces. Il est courant de les employer en homéopathie.

• Une autre association de remèdes favorise la digestion des gros mangeurs, qui sont sujets aux ballonnements fréquents, aux nausées, aux régurgitations acides. Ces patients sont constipés, gros, gras, frileux, ils sont peu résistants, apathiques, irrésolus, impressionnables.

On peut prescrire : *Nux vomica* 5 CH : 3 granules au réveil; *Graphites* 5 CH : granules au coucher.

Prendre au cours des deux principaux repas (midi et soir) une pincée directement sur la langue, entre deux bouchées de la trituration :

Foie 3 X, *Pancréas* 3 X, 15 g de chaque.

Cette dernière formule peut être systématiquement en dehors de tout trouble digestif, et associée à toute ordonnance homéopathique.

Les affections hépatiques

« Docteur, j'ai mal au foie », voilà comment le patient aborde le plus souvent le médecin quand il pénètre dans son cabinet.

En effet, le foie est l'organe le plus souvent accusé de tous les méfaits. Il est surmené dès la naissance par l'apport de toxines ancestrales, ensuite par des régimes plus ou moins équilibrés et des thérapeutiques agressives et souvent intempestives.

LE RÔLE DU FOIE.

Il a de multiples fonctions :

• Tout d'abord, la fonction biliaire ; c'est le foie digestif, que l'on soigne à Vichy ;

• la fonction glycogénique, c'est-à-dire les transformations des sucres ;

• la fonction antitoxique : le foie brûle les déchets accumulés dans l'organisme ;

• la fonction martiale : le foie préside à la formation des globules rouges.

Les dysfonctions hépatiques se révèlent cliniquement par tout un ensemble de signes, de symptômes. Nous ne retiendrons que ce qui amène le patient à consulter.

Celui-ci ne peut faire la différence entre vésicule et foie. C'est le médecin qui, par son interrogatoire et par l'examen clinique, fera un diagnostic du remède, du « simillium » en accord avec les symptômes que présente le malade.

QUELS SONT CES SYMPTÔMES ?

Le malade a faim. Est-ce une fringale, une faim dévorante ? Ou au contraire il a perdu l'appétit.

Il a soif de quantité d'eau à de courts intervalles, ou il boit de grands volumes de liquide. La bouche est sèche, la langue propre ou sale (la langue est déjà le miroir de l'estomac). Le malade se plaint d'amertume dans la bouche ou bien d'un goût métallique ou sucré, ou salé. Nausées, vomissements alimentaires ou bilieux, douleur dans la région hépatique irradiant dans l'abdomen ou le dos au niveau du thorax, alternance de diarrhées et de constipation.

A distance du foie, un hépatique peut présenter des troubles.

• *Respiratoires :* pharyngite chronique avec écoulement chronique du rhinopharynx ; toux hépatique avec expectoration abondante.

• *Circulatoires :* hypertension ou hypotension ; ecchymoses faciles au moindre choc ; frilosité ou grande sensibilité à la chaleur.

• *Cutanés :* démangeaisons généralisées ou localisées (anus, vulve, dos, plis du coude, espaces interdigitaux).

• *De la tête :* migraines (à jeun ou vers 17 heures).

• *Du caractère :* émotivité, irritabilité, diminution de la mémoire; impossibilité de fixer son attention, toujours mal au réveil.

LE$ PRINCIPAUX REMÈDES DE L'INSUFFISANCE HÉPATIQUE.

La matière médicale est excessivement riche en remèdes du foie. Cependant, nous pouvons détacher les plus importants.

1) *Pour le psorique : Lycopodium.*

Il agit chez les arthritiques, les rhumatisants, les eczémateux, les migraineux, les asthmatiques. Il est particulièrement indiqué chez les sujets qui mènent une vie sédentaire.

La poudre de lycopode est le pollen du pied-de-loup. Elle n'est utilisée en médecine officielle que contre les irritations cutanées, surtout chez les enfants. A dose infinitésimale et dynamisée, elle est en homéopathie d'une grande puissance médicamenteuse.

Lycopodium, par l'étendue et la profondeur de son action, peut être considéré comme un des plus importants de la matière médicale. Son action est centrée surtout sur un état d'insuffisance fonctionnelle du foie.

Trois caractéristiques essentielles :

1° – tendance à l'amaigrissement;

2° – hyperacidité des humeurs : sueurs, urines, suc gastrique;

3° – tendance à favoriser la création de calculs par mauvaise élimination de l'acide urique.

Le drainage de Lycopodium.

Il est recommandé de ne jamais débuter un traitement par la prescription à haute dilution de *Lycopodium*. Ce serait aller au-devant d'une aggravation par le rejet brutal des toxines.

Lycopodium demande donc à être « préparé » en assouplissant l'organisme, en drainant auparavant la cellule hépatique. Le malade se reconnaîtra dans le dédale des petits remèdes. Ainsi, il sera facile de choisir les remèdes qui semblent les mieux adaptés au cas à traiter.

• En cas d'aggravation par *Lycopodium*, prescrire *China* (le quinquina), chez tout malade au ventre distendu, sensible, au foie gros, douloureux, aggravé par le moindre contact, la moindre secousse, tandis que la pression forte est mieux supportée. Il y a souvent une diarrhée indolore, jaune, aggravée par la moindre prise alimentaire et surtout par le lait.

• Le malade accuse une douleur au niveau de l'estomac avec irradiations à l'angle inférieur de l'omoplate droite. Les selles, souvent liquides, sont glaireuses, pâteuses, de coloration jaune d'or. Elles flottent dans l'eau. Les urines sont jaune foncé. Prescrire *Chelidonium*.

Chelidonium est un excellent remède de jaunisse (d'hépatite virale), en doses fréquemment répétées (9 CH), en granules (5 CH), et en gouttes (3 X), ces trois dilutions prises en même temps.

On peut toujours y associer, dans le cas de jaunisse, *Myrica cebifera* en 3 X (l'arbre à suif) : remède très utile dans tous les cas d'engorgement biliaire : 10 gouttes, deux fois par jour.

• Point vésiculaire très douloureux. Le malade a une sensation de pierre sur le creux de l'estomac. Son état est toujours amélioré lorsqu'il se couche sur le côté droit. A noter des nausées et des vomissements. Prescrire *Ptelea trifoliata*.

• Le sujet a des douleurs dans l'abdomen, sous la

région hépatique avec irradiations vers l'omoplate gauche. Les selles sont soit très noires, soit décolorées, évacuées comme de l'eau. Prescrire *Leptandra.*

• Constipation; ventre tendu, douloureux. La langue est recouverte d'un enduit blanchâtre, desquamée en carte de géographie. Prescrire *Taraxacum* (le pissenlit).

• Mauvaise haleine, soif, salivation exagérée. La langue garde l'empreinte des dents. Les selles sont abondantes, écumeuses, verdâtres, avec l'impression de ne jamais avoir vidé son intestin. Sueurs abondantes, qui fatiguent et dépriment. Prescrire *Mercurius (solubilis* ou *dulcis*).

• Rhumatismes, goutte, troubles urinaires, douleurs piquantes au niveau de la vésicule. Douleurs au niveau de la partie supérieure de l'abdomen, comme si le malade était serré par une corde. A employer en 3 X : *Berberis* (l'épine-vinette).

• Foie douloureux, migraines et nausées, quand on appuie sur la région vésiculaire. Également en 3 X : *Carduus marianus* (le chardon-Marie).

• *Solidago* (la verge d'or) : le plus fréquent, le plus employé pour le drainage des voies biliaires. Il a une excellente action quand il s'agit de faire baisser la dose d'urée dans le sang (en 3 X).

• Enfin *Lycopodium* sera toujours épaulé par *Nux vomica* pour une prescription ultérieure de *Sulfur* ou *Psorinum.*

2) *Pour le phosphorique-tuberculinique : Phosphorus.*

Le sujet a dans ses antécédents de nombreux épisodes d'affections aiguës respiratoires : rhumes à répétition, rhinopharyngites avec température élevée, troubles intestinaux. Le malade a une faim vorace, des fringales irrésistibles, contrairement à celui de *Lycopodium,* rassasié dès les premières bouchées. Mais comme *Lycopodium,* il a faim la nuit et se lèverait pour faire un repas.

Il a soif, mais le liquide, à peine ingurgité, est rejeté sans effort.

Le malade souffre de la région hépatique et ne peut se coucher sur le côté droit.

Il a des selles difficiles à expulser, ou au contraire abondantes, aqueuses, souvent involontaires.

Le malade saigne facilement : ecchymoses, saignements de nez.

Le drainage de Phosphorus.

Phosphorus pourra être accompagné des mêmes remèdes de drainage que *Lycopodium.*

Il fera une bonne association dans une ordonnance homéopathique avec *Bryonia et Sepia.*

REMÈDES HÉPATIQUES	REMÈDES DE DRAINAGE	REMÈDES DE FOND
Lycopodium • *Nux vomica* (psorique)	*China* *Chelidonium* *Ptelea* *Leptandra* *Taraxacum* *Mercurius* *Berberis* *Carduus marianus* *Solidago*	*Phosphorus* • *Bryonia* • *Sepia* (tuberculinique)

LA COLIQUE HÉPATIQUE.

Due à la migration d'un calcul dans les voies biliaires, elle est un épisode aigu, très douloureux, que l'homéopathie peut soulager.

Il est inutile d'ajouter qu'il est parfois nécessaire

d'avoir à prescrire un remède « héroïque » allopathique, si les douleurs sont intenses et si elles se répètent trop souvent.

• *Colocynthis* 4 CH : 2 ou 3 granules, très souvent répétés en cas de douleurs atténuées en se pliant en deux.

• Si les douleurs sont soulagées en se penchant en arrière, le remède sera : *Dioscorea* 4 CH : 3 granules chaque fois.

• Donner en alternant avec les précédents *Calcarea carbonica* 5 CH et toutes les heures, 10 gouttes de *Hydrastis T.M.* (Teinture Mère).

• Si les remèdes précédents sont inefficaces, on pourra donner en granules, de demi-heure en demi-heure, et en alternant : *Bryonia* 9 CH; *Belladonna* 9 CH.

• Par voie externe, et cela nous a toujours paru extrêmement utile, il suffit d'appliquer 15 à 20 gouttes du mélange ci-dessous. Sur une flanelle pliée en trois ou en quatre épaisseurs, flanelle imbibée d'eau chaude et convenablement essorée, à garder sur la région du foie le plus longtemps possible (notons qu'il doit s'agir d'un vrai tissu de flanelle et non d'un ersatz chimique vendu actuellement dans le commerce) : *Bryonia T.M.; Hydrastis T.M.; Chelidonium T.M.; Berberis T.M. :* 7,50 g de chaque pour un flacon de 30 cm^3.

Ces applications peuvent être pratiquées en dehors d'une colique hépatique, par exemple si le malade ressent un simple malaise au foie.

• Les crises terminées, pour éviter leur retour, il sera utile, tout en mettant le tube digestif au repos, de prescrire : *Podophylilum* 5 CH, 3 granules au réveil; *China* 5 CH, 3 granules au coucher, et, tous les quinze jours, une dose de : *Calculs biliaires* 9 CH.

LE CHOLESTÉROL.

« Docteur, j'ai du cholestérol. » Trouble angoissant, encore fort complexe, qu'on ne peut cependant ériger en une affection morbide typique. Le cholestérol peut être d'origine externe, c'est-à-dire d'ordre alimentaire. Le régime classique et les remèdes d'insuffisance hépatique auront force de loi.

Il est juste d'accuser le foie et les organes digestifs dans le rôle formateur du cholestérol et de sa mauvaise distribution. Il est juste également d'éviter les abats, cervelles, ris de veau, jaune d'œuf, graisse de bœuf, beurre, crème fraîche, etc.

Mais la cholestérino-résistance résulte de la méconnaissance des dysfonctions qui se manifestent au niveau des organes les plus divers.

D'autre part, la cholestérine est proche de la folliculine, et certaines dysfonctions ovariennes peuvent chez la femme être à l'origine d'une augmentation du taux de cholestérol. Il importe de favoriser dans ces cas une régulation hormonale.

• Chez une femme hyperfolliculinique, c'est-à-dire présentant des poussées congestives des seins au 12e jour du cycle, un gonflement de l'abdomen et du bassin à l'approche des règles, il est utile de prescrire des doses de : *Folliculinum* 9 CH au moment des poussées congestives, en même temps que des doses de *Cholesterinum* 9 CH tous les jours.

Ces patientes présentent très souvent une langue chargée, sale, épaisse. Cette langue se nettoie dès la venue des règles, qui ont provoqué une décharge massive des toxines, et par là même du cholestérol.

Pour augmenter cette réaction de défense, il sera utile d'ordonner : *Sepia biliaire* 5 CH, 3 granules, tous les soirs, au coucher ; *Sepia biliaire* 3 CH, 10 gouttes aux repas.

• Les reins font leur office d'élimination classique, ainsi que la peau par sa sécrétion sudorale.

Nous remarquons souvent des taches brunes cutanées sur le visage, les paupières, taches dues à des dépôts de cholestérol. Signalons les mauvais effets des « bronzages » inconsidérés. Les irradiations solaires provoquent insidieusement, en parcheminant la peau, une déshydratation intense, bloquant ainsi toute élimination sudorale.

Nos poumons, par la vapeur d'eau exhalée, sont aussi de puissants facteurs d'élimination du cholestérol.

L'homéopathe aura donc soin de drainer peau et poumons, sans oublier cependant de réguler le système nerveux, trop souvent choqué par les conditions de vie difficiles, émotions, stress fréquents : l'on prescrira alors *Ignatia*.

• Nous pouvons formuler une ordonnance type qui sera toujours valable dans tous les cas d'hypercholestérolémie.

Prendre tous les quinze jours, le soir au coucher, en alternant, une dose de : *Cholesterinum* 9 CH et de *Ignatia* 9 CH.

3 granules, au réveil, de *Pulmine* 5 CH.

3 granules, au coucher, de *Berberis* 5 CH.

10 gouttes, avant chaque repas (midi et soir), de *Sepia biliaire* 3 CH.

LES HÉMORROÏDES.

Chez des individus au foie congestif, le trop-plein circulatoire se manifeste par des varices des veines du rectum et de l'anus. Elles peuvent être externes ou internes et évoluent par poussées successives.

C'est une affection bénigne, mais fréquente, surtout chez les arthritiques, les gros mangeurs, les sédentaires.

La constipation et la grossesse sont toujours des causes aggravantes.

Dans la plupart des cas, les hémorroïdes occasionnent des douleurs plus ou moins intenses et présentent des signes de tuméfaction, d'étranglement, de phlébite. Elles peuvent saigner au moment des selles.

Les hémorragies sont souvent une décharge utile qui évite les risques de congestion hépatique. Il faut savoir respecter l'hémorragie et ne pas bloquer cette élimination par la coagulation, la sclérose ou la chirurgie.

La crise hémorroïdaire.

Aiguë, brutale, violente, elle réclame d'urgence une dose de *Nitri acid* 9 CH.

• Et si la douleur est trop intense, le moindre contact impossible, le malade ne pouvant ni marcher ni s'asseoir, on ajoutera : *Muriatic acid* 9 CH.

• La selle est atrocement douloureuse, le malade a l'impression d'avoir le rectum plein de petites aiguilles. La douleur peut persister longtemps encore après la selle, même si celle-ci a été molle.

Il sera utile de prescrire 2 ou 3 granules très souvent renouvelés, en alternant, de : *Sedum âcre* 4 CH (la joubarbe) ; de *Ratanhia* 4 CH ; de *Paeonia* 4 CH (la pivoine), et d'appliquer la pommade : *Paeonia* 1re trituration décimale 4 g, *Vaseline* 20 g.

• On ajoutera comme remède de fond la formule ci-dessous qui agira sur le tissu veineux et sur l'état circulatoire : *Hamamelis* 3 X, *Pulsatilla* 3 X, *Fluoric acid* 3 X, 10 gouttes avant chaque repas, 10 cm^3 de chaque.

– Si les hémorroïdes saignent : *Nux vomica* 5 CH ; *Sulfur* 5 CH au réveil et au coucher, en alternant.

– Si les hémorroïdes ne saignent pas : *Aesculus hippocastanum* 5 CH (le marron d'Inde).

Les maux de tête
Les migraines

« Docteur, j'ai des maux de tête, j'ai des migraines. »

Le mal de tête ou céphalalgie n'est pas une maladie, mais un symptôme qui apparaît au cours de multiples affections.

Il ne faut pas confondre le mal de tête avec la migraine.

LE MAL DE TÊTE se caractérise par une douleur plus ou moins diffuse, englobant tout le cerveau, sans localisation vraiment précise.

LA MIGRAINE est unilatérale, ne siégeant ordinairement que d'un seul côté. Elle survient par crises et s'accompagne d'un malaise général, de nausées ou de vomissements.

Il est difficile de trouver le « simillium » qui guérit à coup sûr, étant donné que sur un millier de remèdes, la moitié de ces médicaments comprennent le mal de tête dans leurs symptômes.

On soulage et guérit les maux de tête et les migraines avec le traitement homéopathique lorsqu'on s'adresse à la cause profonde. Il faut rechercher le tempérament du sujet. Avons-nous affaire à un tuberculinique, à un psorique, à un luétique?

Il faudrait avoir recours aux nosodes, qui sont des remèdes homéopathiques préparés à partir d'une sécrétion pathologique animale. Ainsi :

• Pour la psore, c'est-à-dire chez les neuro-arthritiques, qui ont dans leurs antécédents personnels ou héréditaires des rhumatismes, de l'asthme, du rhume des foins, de l'urticaire, on indiquera *Psorinum*.

• Chez des sujets amaigris, déminéralisés, toujours enrhumés, atteints de troubles digestifs chroniques, d'entérocolite ou de colibacillose, on indiquera *Tuberculinum*.

• Les douleurs nocturnes, profondes, associées à des troubles circulatoires, urinaires et cutanés, seront guéries par *Luesinum*.

Pour de nombreux malades, les migraines sont une espèce d'élimination périodique qui, si elles disparaissent, peuvent être remplacées par d'autres affections plus profondes et plus graves, au niveau du foie, des reins et du cœur.

Comment examiner un migraineux?

Les remèdes diffèrent suivant la localisation de la douleur. En règle générale, on aura le schéma suivant :

– Migraine droite : origine hépatique digestive;

– Migraine gauche : origine circulatoire.

1) Les migraines droites.

• Les maux de tête sont toujours liés à des troubles hépatiques. Ils sont aggravés par la chaleur et ont leur maximum d'intensité vers 4 heures du matin et vers 16 heures.

Il faut signaler que la douleur est localisée à l'angle inférieur de l'omoplate droite. Donner *Chelidonium*.

• Des migraines violentes débutent au réveil pour augmenter vers midi et décroître le soir. Ce sont des migraines qui suivent le soleil. Le malade a des battements violents dans la tête avec une joue rouge, brûlante, surtout à droite, les veines temporales dilatées. Cette migraine survient généralement tous les sept jours. Donner *Sanguinaria* (la sanguinaire du Canada).

• Le malade a l'impression que sa tête va éclater. Le mal de tête est aggravé par le moindre mouvement, en toussant, en éternuant, en allant à la selle, en bqugeant les yeux. Les vertiges sont fréquents au réveil.

Ces maux de tête surviennent habituellement après la suppression d'un écoulement habituel (diarrhée, hémorroïdes saignantes, écoulement rhinopharyngé). Donner *Bryonia*.

2) Les migraines gauches.

• Mêmes symptômes que *Sanguinaria* mais à gauche. Des douleurs très vives débutent derrière la tête, au niveau de la nuque, pour venir se fixer au-dessus de l'œil gauche, elles sont aggravées par tout mouvement et tout effort.

Pour tourner les yeux, le malade est obligé de tourner le corps tout entier. Le malade ressent en outre de violentes palpitations. Donner *Spigelia*.

• La malade, car c'est souvent une femme, voit ses règles diminuer, se tarir; elle dort mal, en proie à des cauchemars. Elle a des bouffées de chaleur, elle souffre de la tête, surtout à la racine du nez. Elle est calmée si par hasard elle a un saignement de nez. Donner *Lachesis*, excellent remède de la ménopause.

Si la malade parle sans arrêt, étouffe, ne peut rien supporter autour du cou, et, au moindre choc, se fait très facilement des « bleus », on peut joindre *Melilotus* 3 X (10 gouttes avant chaque repas).

• *Sulfur* est indiqué chez les migraineux. Cependant, il peut augmenter la migraine. Il faut le réserver aux malades congestifs à tension artérielle élevée.

• Si le sujet est anxieux, très agité, avec la tête brûlante, pesante, ce sera l'indication d'*Aconitum* ou de *Glonoinum* (la nitroglycérine).

Glonoinum est le remède de l'hypertendu dont l'état

s'aggrave lorsqu'il pose la tête sur l'oreiller. La face est rouge, le cou congestionné. La congestion de la tête s'accompagne de battements violents dans les artères du cou.

On associera : *Aconitum* 5 CH : 3 granules au réveil ; *Glonoinum* 5 CH : 3 granules au coucher.

On peut ajouter à l'ordonnance 10 gouttes, avant les deux principaux repas, de *Viscum album* 3 X (c'est le gui employé par la médecine officielle).

Le plus souvent, nous sommes en présence de migraineux qui font de la congestion passive. C'est le ralentissement de la circulation veineuse intra-encéphalique qui donne le mal de tête. Il suffit alors de prendre une tasse de café fort pour provoquer une amélioration passagère : la caféine diminue l'encombrement veineux qui cause la douleur.

La déminéralisation joue également un grand rôle dans ces phénomènes d'hypotension artérielle. Les migraineux, s'ils sont arthritiques, sont aussi des décalcifiés. Ils rentrent dans le cadre des tuberculiniques.

Il sera utile d'associer aux remèdes symptomatiques un ou plusieurs remèdes de fond qui sont des remèdes de déminéralisation.

En effet, le sujet qui a des maux de tête sera toujours justiciable de l'un des remèdes qui forment le quatuor de la déminéralisation :
Phosphoric acid ;
Silicea ;
Calcarea carbonica ;
Natrum muriaticum.

• Les maux de tête surviennent à la suite d'un épuisement mental chez des étudiants qui ont trop travaillé ou chez des gens qui ont perdu un être cher et n'arrivent pas à se remettre. Donner *Phosphoric acid.*

On prescrira également *Phosphoric acid* pour des enfants qui ont grandi trop rapidement : ils ont les yeux cernés, les pupilles dilatées, et s'adonnent trop souvent à la masturbation.

Ce remède est très fidèle. On peut le prendre en 5 CH (matin et soir), ainsi qu'une dose de 9 CH tous les quinze jours.

• Le sujet ressent des maux de tête. C'est un surmené, un amaigri, un frileux. Il éprouve le besoin de se couvrir chaudement la tête. Donner *Silicea*.

Cependant, chez les anciens et grands migraineux, il n'agit pas toujours et il peut aggraver l'état. C'est une question de dilution. On doit le donner en trituration en 3e décimale.

La silice est le sable de mer, essentiellement reminéralisant, que l'on respire sur nos plages du Nord (Berck) où le grand vent apporte dans les voies respiratoires de la silice à l'état dynamisé.

Cela explique les guérisons chez les malades osseux qu'on envoyait autrefois dans ces stations.

• Le sujet a des migraines après une grippe ou une maladie infectieuse aiguë. Son état est toujours aggravé par le froid humide. Il a l'impression d'avoir un morceau de glace appliqué sur la tête, à l'endroit douloureux.

Le sujet a des troubles digestifs, des éructations, des vomissements, des selles acides. Il va toujours mieux quand il est constipé. Donner *Calcarea carbonica* (le calcaire d'huître).

• Souvent, des écoliers qui passent des examens sont fatigués, amaigris. Ils maigrissent tout en mangeant bien. Ils ont un désir anormal de sel. Certains vont même chiper du sel dans la cuisine pour se le mettre sur la langue. Les selles sont sèches, dures. Le malade a comme du sable dans les yeux le matin, et les yeux pleurent abondamment. Il a des troubles de l'accommodation. Les lettres dansent devant ses yeux. Donner *Natrum muriaticum* (sel de mer).

Il suffit de se rappeler que les marins bretons exposés au climat marin sont imprégnés de chlorure de sodium. Ils sont desséchés, amaigris, ils ont des troubles oculaires, larmoient à l'air et au vent. Beaucoup font de la cataracte.

• L'état du malade est aggravé par le travail mental. Il

a l'impression d'un bandeau serré autour de la tête. Il va toujours mieux en mangeant.

Il perd la mémoire, il a souvent mauvais caractère, il jure facilement. Donner *Anacardium*.

Ainsi, il est possible d'établir une ordonnance type destinée aux étudiants qui préparent des examens.

Donner tous les lundis au coucher, une dose de *Anacardium* 9 CH.

Tous les mercredis, *Phosphoric acid* 9 CH.

Tous les vendredis, *Natrum muriaticum* 9 CH.

On peut ajouter un remède très fidèle qui améliore rapidement, car c'est un tonique, un hypertenseur : *Menyanthes* (le trèfle d'eau).

On peut le prescrire systématiquement avec *Alfalfa* (la luzerne) et *Avena sativa* (l'avoine) en 1re ou en 3e décimale.

Cette formule composée remonte la tension, augmente l'appétit, donne une sensation de bien-être et facilite le travail.

• Certains malades voient leur mal de tête se manifester toujours à la même heure, et s'accompagner de douleurs au niveau de l'orbite gauche. Ce sont par exemple des migraines qui reviennent tous les deux jours vers 10 heures du matin. Donner *Cedron*.

Ces malades nerveux, excitables, seront soulagés aussi par *Natrum muriaticum*.

• Migraines périodiques. Tout le tube digestif est brûlant. La diarrhée est fréquente, avec des brûlures intestinales. Donner *Iris versicolor*.

Les migraineux ne supportent pas certains aliments. Il faut systématiquement supprimer l'œuf, d'autant plus qu'il est frais, l'organisme ne pouvant en assimiler l'albumine. Les œufs intégrés dans les aliments froids seront mieux supportés.

Il faut interdire les fritures, le chocolat, le lait, la crème. En revanche, le beurre ne provoque aucun trouble.

Quant au café au lait du petit déjeuner, il faut le proscrire absolument. C'est un véritable poison.

Dans tous les états migraineux, il est utile de donner :

Foie 3 X
Pancréas 3 X } en trituration

une pincée sur la langue au milieu des repas.

Voici une prescription type de l'état migraineux :

Menyanthes : 3 granules vers 18 heures; *Iris versicolor* : 3 granules vers 16 heures;

Foie 3 X
Pancréas 3 X } au milieu des repas.

Le traitement de la douleur

Nous savons que la symptomatologie présentée par un malade est l'expression caractéristique de la défense de son organisme avec, pour chacun, des réactions marquées d'un individualisme propre. Ces réactions sont fonction de l'état tissulaire du malade, du legs toxinique héréditaire et des affections intercurrentes qui ont pu se présenter. En résumé, la douleur variera suivant la constitution et le tempérament de chaque individu.

La douleur est « le tocsin qui sonne l'alarme » et qui, du même coup, appelle au secours. La forme, la nature, les modalités, notamment vis-à-vis des facteurs extérieurs de cette souffrance, orientent la décision du thérapeute vers un choix efficace.

Cela demande que cette douleur soit observée, analysée, suivie et même, dans certains cas, respectée.

Pourquoi le malade a-t-il des douleurs?

1° Tout d'abord le dépôt toxinique se fait plus ou moins abondant dans certains tissus, surtout les moins nobles, en particulier les tissus articulaires, péri-articulaires, osseux.

2° Le ralentissement circulatoire favorise l'apport de ces dépôts toxiniques, soit directement, soit par engorgement hépatique.

3° Le malade présente un potentiel vital ralenti, une

déminéralisation plus ou moins prononcée, un système nerveux faible et irritable, hypersensible aux influences extérieures.

Ces conditions se présentent au maximum de leur intensité surtout chez les tuberculiniques, chez qui les modifications endocriniennes provoquent éventuellement des épisodes douloureux. Cela ne doit pas faire oublier les sujets imprégnés de luétisme, de sporisme ou de sycose.

DOULEURS.

Le traitement dépendra du type de douleurs rencontrées.

• Douleur erratique, ne restant pas toujours localisée, changeant de place. Au premier chef nous trouvons : *Pulsatilla* (tout est changeant dans *Pulsatilla*); et à un moindre degré : *Kali bichromicum – Kali sulfuricum – Ledum palustre – Ferrum phosphoricum.*

• Douleur apparaissant et disparaissant soudainement : *Belladonna – Nitri acid.*

• Douleur aggravée par les frictions : *Anacardium – Conium – Pulsatilla – Sepia – Sulfur.*

• Douleur améliorée par les frictions : *Calcarea carbonica – Natrum carbonicum – Cantharis – Phosphorus – Plumbum.*

• Douleur, avec l'impression d'être serré dans un étau : *Cactus* (excellent remède contre les angines de poitrine, le cœur forcé, l'endocardite).

• Douleur piquante (comme aiguillonnée par des aiguilles de glace) : *Agaricus* (bon remède contre les engelures).

• Douleur en un point précis que l'on peut indiquer du bout des doigts : *Kali bichromicum.*

Ces douleurs erratiques appellent comme nosodes complémentaires : *Tuberculinum* ou *Marmoreck.*

Certaines douleurs apparaissent graduellement et disparaissent graduellement : *Aconit – Bryonia – Causticum – Argentum nitricum – Stannum.*

D'autres apparaissent progressivement et disparaissent brusquement : *Ignatia – Sulfur acid.*

D'autres enfin apparaissent brusquement et disparaissent graduellement : *Pulsatilla.*

• Douleur avec sensation de constriction, comme serré par une corde : *Platina* (autour des cuisses) – *Chelidonium* (colique hépatique; lien dans la partie supérieure du ventre; névralgie sus-orbitaire, surtout droite, avec sensation de lien autour du front) – *Anacardium* (douleur en bracelet autour d'une région douloureuse).

• Douleur en profondeur, jusque dans les os : *Eupatorium perfoliatum* (état grippal).

• Douleur piquante et brûlante : *Arsenicum album – Mezereum.*

• Douleur de torsion : *Silicea – Veratrum album – Verbascum thapsus* (névralgie de la face avec sensation comme si la région était prise avec des pinces).

DOULEURS ET ENGOURDISSEMENTS.

• Douleur alternant avec un engourdissement : *Gnaphalium* (le pied de chat) – surtout localisation dans le dos et les membres.

• Engourdissement de tout le corps : *Kali bromatum.*
– de la moitié gauche du corps : *Causticum*;
– allant de bas en haut : *Conium.*

• Engourdissement avec grande faiblesse des quatre membres : *Ambra grisea.*

• Engourdissement du coccyx en s'asseyant, comme s'il avait reçu un coup : *Platina.*

• Douleur dorso-lombaire avec sensation d'engourdissement dans les jambes : *Onosmodium.*

• Engourdissement des membres inférieurs avec refroidissement – mains et pieds très froids, comme morts : *Oxalic acid.*

• Engourdissement des bras et des mains aggravé en s'éveillant : *Phosphorus.*

• Engourdissement et faiblesse paralytique du bras gauche aggravé la nuit, calmé par la marche et le moindre mouvement : *Rhus tox.*

• Engourdissement et pâleur des extrémités, avec douleur brûlante calmée par le froid : *Secale cornutum.*

• Douleur et engourdissement dans la plante des pieds, avec l'impression de marcher sur un sol mou. Également engourdissement dans les fesses en s'asseyant : *Alumina.*

N'oublions pas cependant, dans le cas d'engourdissements rebelles, la prescription de *Manganèse-Cobalt* (*Oligosol*) et de *Magnésium* (*Oligosol*).

Les affections cardio-vasculaires

Il importe tout d'abord de faire un diagnostic précis de l'affection circulatoire, de s'entourer de tous les éléments qui permettront l'étude physique de chaque cas (radiographies, électrocardiogramme, tension artérielle, examen du sang). Mettons de côté la grande insuffisance cardiaque, qui réclame l'hospitalisation et le secours de spécialistes.

La pathologie cardiaque est un sujet difficile entre tous. Elle reste un très gros chapitre de la thérapeutique médicale. En effet, le chiffre des décès par affections cardiaques dépasse de très loin celui des autres, suivant les statistiques officielles. Il est vrai que les cardiopathies demeurent la résultante de nombreuses infections et intoxications qui ont imprimé sur chaque organisme une marque souvent indélébile.

N'invoque-t-on pas communément l'action d'une scarlatine, d'une diphtérie, d'une pneumonie, d'une typhoïde, d'un rhumatisme dans l'éclosion de lésions vasculaires, point de départ des accidents circulatoires?

Du point de vue purement homéopathique, nous pouvons envisager une insuffisance cardiaque comme une résultante, comme un carrefour de multiples intoxications tuberculiniques, psoriques, sycotiques, luétiques, qui encombrent la vie de chaque individu et aboutissent à la défaillance de l'organisme au niveau de son centre noble par excellence, c'est-à-dire le cœur.

Nous allons étudier les cas de la petite insuffisance cardiaque qui amènent le patient au cabinet du médecin : l'hypertension artérielle, les accidents dus à l'artériosclérose, l'hypertension de la ménopause, les phénomènes artéritiques des membres inférieurs, les troubles circulatoires d'origine veineuse (varices, phlébites, ulcères).

QUELQUES REMÈDES POUR LE CŒUR.

Il est important d'envisager et d'étudier les principaux remèdes à prescrire à l'occasion d'un trouble cardiaque quel qu'il soit.

Un des plus grands remèdes pour le cœur : *Phosphorus* (remède du cœur droit, épaulé par *Digitalis*).

• *Phosphorus* concerne le malade anxieux, irritable, oppressé, dont l'état est toujours aggravé pendant l'orage et qui ne peut se coucher sur le côté gauche.

• Il est à différencier de *Sulfur*, remède du cœur gauche, qui s'adresse au malade présentant de l'oppression avec besoin d'air – besoin de fenêtres ouvertes –, et dont l'état est toujours aggravé la nuit par la chaleur du lit.

Il convient ensuite d'envisager :

• *Spigelia* : contre les violentes palpitations.

• *Naja* : contre la toux, l'étranglement et la suffocation – cœur irrégulier, comme forcé.

• *Cactus* : contre la constriction avec irradiation au bras gauche – engourdissement et enflure de la main gauche (angine de poitrine).

• *Arnica* : toujours utile à titre de tonique cardiaque, contre une faiblesse extrême. Il peut être associé à *Myocarde* et à *Rhus Tox* en 3e décimale, 10 gouttes deux fois par jour. Cet ensemble a une forte action tonique sur le muscle cardiaque.

• *Latrodectus mactans* : quand le malade présente une douleur précordiale avec irradiation dans l'épaule et le bras gauche, et engourdissement.

• *Laurocerasus* : pour un malade très oppressé, calmé par la position couchée, portant constamment la main à son cœur dans cette position.

• *Lycopus* : concerne l'action tumultueuse du cœur, qui bat fortement et très irrégulièrement.

• *Convallaria majalis* : si le malade a l'impression que son cœur va cesser de battre, puis qu'il reprend avec des battements précipités aggravés par la cigarette.

• *Abrotanum* : contre les troubles cardiaques après disparition brusque de rhumatismes.

• *Rauwolfia serpentina* : contre les douleurs constrictives thoraciques irradiant du sternum au dos et parfois à droite, à la nuque, à la mâchoire, au bras.

• *Phytolacca* : contre les douleurs vives dans la région cardiaque, avec irradiation dans le bras droit. Le cœur semble battre dans la gorge.

• Enfin, *Arsenicum album* peut convenir à beaucoup de cardiaques, surtout s'ils se sentent plus mal la nuit entre 1 heure et 3 heures du matin, si la chaleur leur fait du bien, s'ils sont très agités, ne peuvent rester tranquilles et cependant sont épuisés par le moindre exercice.

Les oligo-éléments peuvent être également d'une grande utilité, en particulier *Cuivre-Or-Argent*, alterné avec *Manganèse-Cobalt*; puis *Manganèse-Cobalt, Iode* et *Soufre* en cas de dystonie circulatoire et de précordialgies.

Ne jamais oublier de faire examiner la colonne dorsale par un ostéopathe.

L'HYPERTENSION ARTÉRIELLE.

Normalement, la tension maxima est comprise entre 14 et 16, la minima entre 7 et 9. Une tension équilibrée doit avoir la minima égale à la moitié de la maxima, plus un ou deux.

Quand les deux chiffres se rapprochent, il y a danger. Le patient a alors intérêt à consulter.

L'hypertension peut provenir :

1° – du sang (il y a pléthore);

2° – des artères (il y a des spasmes ou l'élasticité de ces artères est réduite : artériosclérose).

On vient consulter parce que l'on a des maux de tête, des bourdonnements d'oreilles, des troubles de la vue, des insomnies, des vertiges, des troubles de la mémoire, parfois de petites hémorragies au niveau de la conjonctive, des saignements de nez.

• Nous avons très souvent affaire à de gros mangeurs, qui abusent de la bonne chère, des vins, de l'alcool, du tabac. Facilement essoufflés après un repas, ils ont besoin de faire une petite sieste. Ils ont trop chaud, surtout la nuit. Ils cherchent dans les draps une place fraîche avec leurs jambes et parfois sortent les pieds du lit.

C'est l'indication de *Nux vomica* 5 CH : 3 granules au réveil; *Sulfur* 5 CH : 3 granules au coucher.

Pour faciliter le travail hépathique et favoriser l'élimination rénale, on ajoute *Berberis* 3 X.

• D'autres malades se plaignent d'angoisse, de gêne respiratoire, de palpitations. Ce sera l'indication de *Ignatia* 5 CH (fève de saint Ignace) alterné avec *Spigelia* 5 CH.

On ajoutera *Crataegus* (l'aubépine) comme tonicardiaque.

D'ailleurs, *Ignatia* sera toujours à prescrire en cas de poussées congestives à la suite d'émotions ou de contrariétés.

Le remède peut être donné en dose de 9 CH.

LES ACCIDENTS AIGUS HYPERTENSIFS.

• Le malade peut brusquement présenter de violents maux de tête, des battements dans les artères du cou ; la face est rouge. Le patient ne peut pas supporter de vêtement serré à la taille ni au cou.

Le remède d'urgence est : *Glonoine* (la nitroglycérine) ; la *Trinitrine* allopathique *Glonoine* 4 CH et *Aconit* 4 CH, prescrits de quart d'heure en quart d'heure, en alternant, auront raison des troubles congestifs circulatoires, d'une crise hypertensive.

• Le « coup de soleil » (l'insolation) trouvera également en *Glonoine* et *Aconit* le traitement le plus efficace.

• Certains sujets ne peuvent supporter l'exposition prolongée au soleil. Le séjour sur une plage leur est pénible.

Pour prévenir ces inconvénients, il sera facile de prendre, quelques semaines avant le séjour à la mer et au soleil, 10 gouttes, midi et soir, avant les repas de : *Sol* 3 CH (c'est de la poudre de lactose irradiée aux rayons solaires).

• Si l'insolation s'accompagne de perte de connaissance, d'assoupissement profond, voire de coma, ne pas hésiter à faire appel à un médecin.

Auparavant, il sera toujours utile de mettre sur la langue du malade une dose entière de : *Opium* (ou *Thebaicum*) 9 CH.

L'opium à dose toxique détermine les mêmes symptômes que l'insolation.

L'HYPERTENSION DE LA MÉNOPAUSE.

La ménopause apparaît chez la femme entre quarante-deux et cinquante-deux ans.

La suppression de la fonction ovarienne peut être brutale, mais, le plus souvent, elle est progressive : les règles sont plus ou moins abondantes, plus ou moins régulières.

Il se manifeste un déséquilibre circulatoire : la tension artérielle a tendance à monter (la maxima peut atteindre 20 et plus).

La femme a des vertiges, des bourdonnements d'oreilles, des bouffées de chaleur, des sueurs, une certaine tendance syncopale : tout cela joint à de l'irritabilité et même à des accès de dépression nerveuse.

Si les bouffées de chaleur sont insupportables et si les sueurs sont très abondantes, il n'est jamais indiqué de couper brusquement chaleurs et sueurs. La femme élimine par voie cutanée les toxines que les voies génitales ne peuvent plus drainer.

Une triade médicamenteuse peut être d'un grand secours :

Belladonna 9 CH ;
Jaborandi 9 CH ;
Lachesis 9 CH.

Ces doses peuvent être prescrites trois fois par semaine, au coucher, en alternant.

• La femme est agitée, vive, remuante. Elle est fatiguée, elle a sommeil mais ne parvient pas à s'endormir. Si elle s'endort, elle est réveillée par une bouffée de chaleur brutale qui s'accompagne d'une transpiration abondante. Le même phénomène peut se renouveler plusieurs fois par nuit.

Ces malades souffrent également de la tête, elles accusent des battements dans le cerveau et dans les artères du cou. Donner *Belladonna*.

• La malade présente les mêmes signes que pour *Belladonna*. Donner *Jaborandi* (la pilocarpine). Associés, ces deux remèdes forment un couple très efficace, toujours très utile chez les femmes en période ménopausique.

• La malade présente des alternances d'excitation et de dépression, une loquacité exceptionnelle.

Il semble qu'elle ait besoin d'une élimination qui se

manifeste par un vrai flux de paroles. Elle souffre de battements de cœur et a besoin de faire de profondes inspirations.

Elle ne peut supporter aucun vêtement serré au cou ni à la taille. Elle dort mal, se plaint de cauchemars. La nuit, elle tombe dans des « trous » et se réveille brusquement avec une angoisse indicible.

Le réveil est toujours difficile. C'est une malade qui est toujours plus mal après avoir dormi. Sa mauvaise circulation se manifeste par des ecchymoses : le moindre choc, le moindre contact lui font des « bleus ».

Elle est agressée par la chaleur, à la saison chaude. Elle est mal à l'aise quand elle est couchée sur le côté gauche, cette position déterminant une gêne au niveau du cœur qui est toujours gonflé.

Elle va mieux en plein air, à l'air frais, elle ouvre sa fenêtre en pleine nuit.

Elle est surtout soulagée par la venue de ses règles. Son état s'améliore toujours par un écoulement quel qu'il soit. Un saignement de nez calmera un violent mal de tête. Donner *Lachesis*. C'est le venin d'un serpent, le Trigonocéphale, qui entraîne chez le sujet piqué des troubles semblables à ceux des femmes lors de la ménopause. C'est donc le remède type de la ménopause, de la femme qui présente des troubles circulatoires avec hypertension.

Bien indiqué, bien prescrit, il provoque souvent une véritable résurrection.

• Si ces saignements de nez sont fréquents, donner *Melilotus* en 4 CH (le mélilot, employé autrefois en tisane).

Ce remède peut servir d'appoint à *Lachesis*.

• Un autre remède : *Amyl nitrosum* en 3 CH, en gouttes, avant les repas, sera également d'une efficacité certaine.

Le traitement homéopathique est merveilleusement adapté à tous les troubles du « retour d'âge » et permet, sans hormones, d'éviter tous les inconvénients de cette mauvaise période.

L'HYPERTENSION DES SUJETS AGÉS.

Chez les sujets âgés, il se produit une infiltration de la tunique artérielle, les artères durcissent. On dit qu'elles sont « en tuyau de pipe ».

Les sujets présentent un cœur irrégulier, un pouls instable : c'est l'artériosclérose, maladie des vaisseaux encombrés de dépôts de cholestérol.

La localisation se manifeste au niveau des artères cérébrales avec tous les risques d'apoplexie cérébrale, d'infarctus du myocarde, d'artérite des membres.

Le sujet est très lent, lent à comprendre et à retenir, le visage sans expression. C'est le vieillard qui oublie tout, qui se perd dans le quartier qu'il habite. Il ne retrouve plus les rues qu'il fréquente habituellement.

Il est très frileux, très sensible au moindre refroidissement.

• Un remède domine ici toute la thérapeutique : *Baryta carbonica* (carbonate de baryte).

Baryta carbonica est très puissant, très actif. Il faut le prescrire fort longtemps. Il agit en doses en 9 CH – une dose par quinzaine –, en même temps qu'il est utile de le donner quotidiennement en 5 CH, et avant les repas, en trituration en 3e décimale, trituration qui va agir sur le remaniement de la tunique artérielle.

• Si la tension est élevée, il est utile de prescrire : *Plumbum iodatum* 5 CH ; *Baryta muriatica* 5 CH, 3 granules, au réveil et au coucher, en alternant, un jour l'un, un jour l'autre, et *Cholesterinum* 3 X, 10 gouttes avant chaque repas (midi et soir).

• La mauvaise circulation cérébrale peut provoquer des vertiges.

Le sujet ressent aussi des douleurs et des lourdeurs de tête, il a l'impression d'avoir « une toile d'araignée » collée au visage. Il perçoit des taches noires, mobiles, brillantes devant les yeux : tous symptômes caractéristiques de sa mauvaise circulation cérébrale. Donner *Phosphorus* en 5 CH.

• Le moindre effort est pénible, les escaliers sont difficiles à gravir, le malade s'essouffle rapidement.

Il sera utile de tonifier le muscle cardiaque en donnant avant chaque repas (midi et soir) : *Arnica* 3 CH ; *Myocarde* 3 CH ; *Rhus tox* 3 CH, à raison de 10 gouttes de chaque pour 30 cm^3.

• Si la gêne douloureuse s'aggrave, si le malade accuse une constriction, comme s'il était serré dans un étau, avec engourdissement du bras gauche, s'il ressent une impression de pesanteur dans la poitrine, ce sera l'indication de : *Cactus* 4 CH : 3 granules, toutes les deux heures, à intercaler avec *Cactus* 3 X : 10 gouttes chaque fois.

Cactus est un excellent remède contre l'angine de poitrine.

On peut également associer un petit remède très fidèle, le *Cereus bonplandii* (également en 3 X).

LES ARTÉRITES DES MEMBRES INFÉRIEURS.

Le malade a de grandes difficultés à marcher et s'il fait quelques mètres, il est aussitôt arrêté par une crampe subite au mollet : douleur vive calmée par le repos mais qui reparaît avec le mouvement.

La thérapeutique peut être ainsi établie : *Cuprum* 5 CH un matin, au réveil, 3 granules, et *Actea racemosa* 5 CH l'autre matin, au réveil, 3 granules (remèdes qui luttent contre les crampes et les spasmes).

Cholesterinum 3 X, 10 gouttes, avant chaque repas (midi et soir), et au coucher, tous les lundis, une dose de : *Plumbum* 9 CH ; tous les mercredis : *Secale cornutum* 9 CH ; tous les vendredis : *Aurum* 9 CH.

Ne jamais oublier de prescrire également des nosodes constitutionnels : *Psorinum,* 9 CH ; *Luesinum* 9 CH ; *Medorrhinum* 9 CH, une fois par mois, en alternant.

LES TROUBLES CIRCULATOIRES D'ORIGINE VEINEUSE.

Il faut envisager le traitement de la circulation veineuse et celui des tissus veineux.

Ces troubles apparaissent surtout au moment de la ménopause, s'aggravant avec l'arrêt des règles : difficultés de la marche, jambes « lourdes », pesantes, enflure des pieds et des chevilles avec des fourmillements.

L'encombrement veineux se manifeste au niveau du bassin et des membres inférieurs.

• S'il y a des signes de congestion du petit bassin, lourdeur abdominale, pesanteur chez la femme des organes génitaux, deux remèdes sont à signaler : *Carduus marianus* 5 CH, *Aesculus hippocastanum* 5 CH, à alterner, un jour l'un, un jour l'autre.

• On pourra associer *Calcarea fluorica* 3 X (en trituration), qui est le tonique du tissu veineux.

Le sujet a des douleurs tiraillantes dans le dos, dans le ventre, dans les reins. Il va plus mal par temps froid et humide, en même temps qu'il a des lumbagos au moindre effort.

• Avec ce remède, il faut signaler l'efficacité de *Fluoric acid* 15 CH, donné une à deux fois par mois, qui soulage merveilleusement la gêne occasionnée par la ptose utérine (la descente de matrice) et permet d'éviter souvent l'intervention chirurgicale.

L'intervention sur les veines, que ce soit sclérose ou chirurgie, si elle supprime localement la gêne variqueuse, n'agit en aucun cas pour leur tissu élastique.

Il se manifeste le plus souvent une récidive au niveau des veines profondes avec les mêmes inconvénients de gêne douloureuse, de lourdeur et d'engourdissement.

La médecine homéopathique offre des remèdes faciles à prescrire, très puissants et d'effet durable :

• Surtout chez les femmes qui ont des règles abondantes, de sang noir. *Hamamelis* 5 CH.

• Surtout s'il y a des hémorroïdes qui ne saignent pas et des jambes lourdes : *Aesculus hippocastanum* 5 CH.

• Congestion veineuse des extrémités. Les varicosités sont très apparentes. L'état du malade est toujours aggravé par la chaleur et le repos. Chez la femme, les règles sont insuffisantes et en retard. Donner *Pulsatilla* 5 CH.

• Les veines sont dilatées et enflammées. Les douleurs veineuses sont atténuées en surélevant les membres, aggravées en les laissant pendre. Donner *Vipera redi* 5 CH.

Avec *Hamamelis* et *Pulsatilla* nous avons un excellent couple de remèdes de phlébite.

LES PALPITATIONS.

Symptôme très fréquent et essentiellement bénin. On a toujours tendance à craindre le pire quand le cœur s'affole. Et en effet, de simples palpitations peuvent annoncer un malaise grave, cardiaque ou autre. Dans l'incertitude, il est prudent de consulter un médecin et au besoin de faire pratiquer un électrocardiogramme.

En présence d'un malade qui se plaint de battements cardiaques très violents, il faut en tout premier lieu en supprimer la cause. En effet, les palpitations peuvent être provoquées par l'abus de tabac, de thé, de café; par des troubles digestifs (dilatation d'estomac, ptose, insuffisance hépatique), des chocs nerveux (émotions, peurs, chagrins, soucis), de l'anémie ou des troubles utéro-ovariens.

Localement, il sera toujours utile avant toute thérapeutique d'appliquer sur la région cardiaque une double épaisseur de flanelle trempée dans une infusion faite avec cinq têtes de camomille – application faite aussi chaude que possible, à garder une dizaine de minutes.

Il sera loisible ensuite de choisir le remède le mieux adapté au cas à traiter.

Il n'y aura d'ailleurs aucun risque à administrer d'emblée les trois remèdes ci-dessous toutes les cinq minutes, en alternant :

• *Spigelia* 4 CH : palpitations d'une grande violence, douleurs avec irradiations dans le bras et le cou – s'aggravant en position couchée sur le côté gauche;

• *Crataegus* 4 CH : oppression – besoin d'ouvrir les fenêtres pour respirer de l'air frais;

• *Lycopus* 4 CH : sensation de constriction dans la région précordiale.

2 ou 3 granules chaque fois.

Le répertoire ci-dessous sera fort utile pour choisir le remède efficace.

• Palpitations nerveuses :

– après un chagrin : *Ignatia – Gelsemium – Digitalis – Opium – Phosphoric Acid*;

– après un exercice intellectuel : *Ambra grisea*;

– après un exercice physique : *Argentum nitricum – Arnica.*

• Palpitations aggravées :

– par la position couchée sur le côté droit : *Argentum nitricum – Lilium tigrinum*;

– par la position couchée sur le côté gauche : *Cactus – Natrum muriaticum.*

• Palpitations se manifestant au coucher : par prudence, donner systématiquement : *Sulfur* 9 CH – 1 dose.

• Palpitations :

– avant les règles : *Spongia* 4 CH ou 5 CH;

– pendant les règles : *Argentum nitricum* 5 CH – *Spongia* 5 CH;

– après les règles : *Natrum muriaticum* 5 CH.

• Palpitations se manifestant au réveil : *Lachesis – Naja – Phosphorus.*

Les malades très sensibles, très nerveux peuvent être sujets à des syncopes. A la moindre défaillance, donner : *Moschus* 4 CH – 2 granules toutes les dix minutes – et faire sur tout le corps des frictions à l'eau de *Philae*.

LES ULCÈRES VARIQUEUX.

Complications fréquentes de l'état variqueux.

Les personnes porteuses de varicosités superficielles ne sont pas indemnes de l'ulcère, la circulation veineuse étant toujours encombrée à l'intérieur du membre.

L'ulcère variqueux siège généralement à la moitié inférieure de la face interne de la jambe.

L'ulcération s'agrandit rapidement, la plaie se creuse. Elle est le siège de douleurs vives, brûlantes, insupportables.

• Traitement local : il est très utile.

On applique sur la plaie une compresse stérile sur laquelle on aura versé 10 à 15 gouttes du mélange : *Calendula* T.M. ; *Clematis vitalba* T.M. en parties égales.

Il se peut que cette application soit au début mal supportée. Il faudra alors étendre les gouttes de moitié d'eau bouillie.

• Si l'ulcère diminue et s'il y a un début de cicatrisation, on peut appliquer la pommade *Graphites* 1 X, 3 g, *Vasolanoline*, 30 g.

Les remèdes homéopathiques de l'ulcère lui-même.

• Les bords de l'ulcère sont taillés à pic, avec un écoulement filant, jaunâtre. Il y a peu ou pas de douleurs. Donner *Kali bichromicum* 5 CH.

• Ulcères beaucoup plus nombreux et douloureux. Le malade ressent comme des piqûres de fines aiguilles avec un écoulement rosé, d'un saignement facile. Donner *Nitri acid* 5 CH.

• La douleur se manifeste comme un choc électrique. L'ulcère présente un pourtour violacé. Il y a une réaction ganglionnaire douloureuse dans le pli de l'aine et une nette aggravation par temps humide. Donner *Phytolacca* 5 CH.

• Si les douleurs de l'ulcère sont atténuées par le froid, les extrémités sont de glace. Elles sont le siège de crampes, de fourmillements. Bien que ses jambes soient froides, le malade ne supporte pas d'être couvert. Prescrire *Secale cornutum* 5 CH.

• Au contraire, si les douleurs brûlantes sont calmées par des applications chaudes, ce sera *Arsenicum album* 5 CH.

Il y a toujours aggravation nocturne entre 1 heure et 3 heures du matin. L'écoulement est brûlant et putride.

Le malade est toujours agité, il ne peut rester tranquille, il se croit perdu et incurable.

• Si l'écoulement est épais comme du miel, s'il se forme une croûte sous laquelle se trouve un liquide jaune, visqueux, c'est l'indication de *Graphites* 5 CH.

• Si les douleurs sont intolérables, ajouter *Hypericum* (millepertuis) 9 CH, *Chamomilla* 9 CH, une dose par jour, en alternant.

Les douleurs rhumatismales

« Docteur, j'ai de l'arthrose. »

Nous allons étudier le rhumatisme articulaire dans sa forme aiguë, le rhumatisme musculaire et les différentes formes de rhumatisme chronique.

LE RHUMATISME ARTICULAIRE AIGU.

Il s'accompagne de fièvre élevée, de frissons, de douleurs, de rougeurs. Ce sont typiquement des réactions tuberculiniques.

• La douleur articulaire survient chez un individu sain, à la suite d'une exposition à un vent sec et froid. Le malade est agité, anxieux.

Au niveau des articulations, la peau est sèche, luisante. Les douleurs sont intolérables, déchirantes, toujours aggravées par le moindre mouvement. Donner *Aconit* 4 CH.

• Si la sueur apparaît, on indiquera *Belladonna*.

Là aussi, les articulations sont enflées, rouges, douloureuses. Le corps est en transpiration.

• Chacun de ces remèdes peut être complété utilement par l'adjonction de *Ferrum phosphoricum*.

• Si la crise est survenue avec une brutalité extrême, avec des articulations très enflées et si la peau est rouge, luisante, avec des douleurs comme causées par des aiguilles rougies au feu, c'est l'indication d'*Apis* (abeille) ou d'*Apium virius* (venin d'abeille).

On sait que le sujet piqué par un essaim d'abeilles a rapidement des enflures locales, très douloureuses.

Le malade d'*Apis* n'a jamais soif. Son état est toujours aggravé par le toucher, la pression, la nuit et la chaleur, et il est toujours calmé par des applications froides.

• La crise est passée. Il persiste cependant des douleurs articulaires intermittentes avec raideur douloureuse, léger état fébrile. Il y a des troubles à distance : douleurs au niveau du foie, des reins, douleurs abdominales, maux de tête.

Le malade a soif, il évite de bouger car le mouvement réveille ses douleurs. Il cherche même à appuyer fortement avec ses mains sur son articulation douloureuse : *Bryonia* le calmera vite si on le donne en 3e centésimale (3 CH) ou 4 CH (2 granules toutes les heures).

• Par voie externe, on peut employer *Liniment opodeldoch* si les douleurs persistent, sont déclenchées par temps humide et calmées par le mouvement : « Le malade se dérouille. »

• Les douleurs s'étendent aux ligaments péri-articulaires. Le malade a des raideurs douloureuses de tous ses muscles. Il est très agité la nuit, éprouve le besoin de changer constamment de position et se retourne sans cesse dans son lit pour chercher à soulager la douleur. Le remède indiqué est *Rhus tox* (sumac vénéneux).

• Le malade peut présenter sensiblement les mêmes symptômes mais son état est amélioré par l'humidité. En outre, il a des douleurs tiraillantes dans les membres, qui s'aggravent s'il bouge. Il a une impression de raideur, il dit qu'il a les tendons trop courts et se trouve toujours plus mal par froid sec et vent. Nous avons l'indication de : *Causticum.*

C'est une préparation hahnemannienne voisine de l'ammoniaque. Là aussi, on pourra employer *Liniment opodeldoch.*

De nombreux autres remèdes peuvent être employés en même temps que les précédents, si leurs modalités se rapprochent. Ainsi :

• Douleurs aggravées par la pluie et les changements de temps, le séjour en milieu humide et au bord de la mer, calmées en changeant constamment de position : *Natrum sulfuricum.*

• Si le malade a très fréquemment de la diarrhée : *Dulcamara* (la douce-amère).

C'est très proche du précédent. Les douleurs sont aussi aggravées par les changements de temps, à l'automne, après la pleine lune, et après la suppression brusque d'une transpiration abondante. Là encore, le malade est calmé par le mouvement.

• Remède également de diarrhée automnale : *Colchicum* (le colchique d'automne), avec les mêmes symptômes d'aggravation par froid humide. C'est le remède de la goutte du gros orteil.

Le malade épuisé, hypersensible, ne réclame que le repos.

Les remèdes de la psore sont *Lycopodium* et *Sulfur.*

• Les douleurs reviennent périodiquement. Elles se manifestent souvent à droite, elles sont aggravées l'après-midi vers 17 heures. Le malade a des fourmillements dans les bras et les jambes.

Signe particulier : un pied est chaud, l'autre est froid. Donner *Lycopodium.*

• Les deux pieds sont chauds. Le malade ressent des brûlures, il recherche la fraîcheur et sort ses pieds du lit.

Le malade a mal aux reins. Il doit se soutenir les reins avec les mains quand il se lève et se redresse. Donner *Sulfur.*

• Un autre a des douleurs calmées par le froid (un bain froid). C'est un malade qui pose ses pieds sur un carrelage frais. La plante des pieds est très douloureuse.

Les douleurs débutent toujours à cet endroit pour remonter. C'est l'indication de *Ledum palustre*, remède qui accompagne fort bien *Sulfur*.

• Douleurs brûlantes, mais surtout beaucoup de déformations articulaires (rhumatismes déformants). Donner *Guaiacum* (résine de guaïac).

LES TUBERCULINIQUES

• Le sujet a des douleurs dites erratiques, c'est-à-dire qui changent de place, vont d'une articulation à l'autre.

Le matin, il souffre du dos, des membres. Il cherche à s'étirer le plus longuement possible dès le réveil. Son état est aggravé par la chaleur. Donner *Pulsatilla*.

• Les symptômes alternent avec des troubles digestifs (douleurs gastriques brûlantes). Ils ne sont pas aggravés par la chaleur. Donner *Kali bichromicum*.

LES RHUMATISMES ARTICULAIRES.

Le rhumatisme intercostal.

Il est justiciable de deux remèdes :
Ranunculus bulbosus (renoncule bulbeuse – bouton d'or); *Rhododendron* (le romarin sauvage).

• Le malade ressent des meurtrissures, aggravées par le moindre mouvement, en respirant, aux changements de temps. La moindre pression ravive la douleur. Ces douleurs sont souvent accompagnées d'éruptions brûlantes et prurigineuses. Donner *Ranunculus bulbosus*.

• Ce peut être aussi un remède de zona.

• Le sujet est très sensible à l'orage, au tonnerre, aux conditions électriques de l'atmosphère. Tout va mieux après l'orage. Quand le malade souffre, il urine abondamment. Le besoin d'uriner cesse avec les douleurs. Donner *Rhododendron*.

A rapprocher de ces deux cas :

• Le malade est toujours calmé par la chaleur, la pression forte; les douleurs siègent souvent du côté droit. Donner *Magnesia phosphorica*.

Ces remèdes forment une triade médicamenteuse fort utile dans le traitement du rhumatisme intercostal.

• La douleur peut être difficilement supportable. Le malade est agité, il se lève la nuit. Il essaye de se promener et marche de long en large. Il est très nerveux, emporté, violent, facilement en proie à des accès de colère. *Chamomilla* 9 CH le calmera.

• Le sujet souffre de douleurs consécutives aux blessures par objet pointu : aiguilles, clous, échardes, surtout au niveau des régions riches en filets nerveux. La colonne vertébrale est très douloureuse, surtout après un faux mouvement ou une chute. Donner *Hypericum* (millepertuis), excellent remède préventif et curatif des traumatismes dentaires dus aux soins du stomatologue.

LES CONTRACTURES MUSCULAIRES – LES CRAMPES.

Quatre remèdes :

Actea racemosa,
Causticum,
Cimex,
Cuprum.

• Le malade est très excité. Il parle sans arrêt, il a peur de tout. Cet état mental disparaît quand surviennent les douleurs à type de crampes, de raideur douloureuse, surtout localisées dans la nuque et le dos.

Les premières vertèbres dorsales sont particulièrement sensibles après une fatigue due à un surmenage chez les pianistes, les dactylos.

Chez la femme, plus les règles sont abondantes, plus les douleurs sont fortes et pénibles. Donner *Actea racemosa*, remède très important, surtout quand il y a alternance de troubles physiques et mentaux.

• Le malade souffre de crampes douloureuses, surtout au niveau du pied et de la jambe, particulièrement à droite. Donner *Causticum*.

• Le malade a l'impression de muscles et de tendons trop courts. *Cimex lectularius* (la punaise) le soulagera.

Comme pour les autres parasites de la peau, *Cimex* peut calmer des douleurs au niveau des tendons et des muscles, surtout les fléchisseurs qui se raidissent, se durcissent et se contractent.

• Ici, la caractéristique principale est la crampe. Elle survient chez un malade épuisé par un surmenage cérébral ou des insomnies. Elle peut être la répercussion d'éruptions supprimées ou d'éliminations bloquées. Prescrire *Cuprum* (cuivre).

• Quand les douleurs alternent avec des engourdissements, donner *Gnaphallium* (l'immortelle). C'est un excellent remède de sciatique, plutôt à droite. Douleur atténuée surtout si elle est accompagnée ou suivie d'engourdissements, une fois le malade assis.

LES DOULEURS VERTÉBRALES.

• Les douleurs réveillent le malade entre 2 et 3 heures du matin, il sue abondamment, se sent faible, fatigué. Il a l'impression que ses jambes vont se dérober.

Il se sent mieux s'il s'appuie sur un dossier de chaise ou de fauteuil. La douleur est presque toujours aggravée par les excès sexuels.

Prescrire *Kali carbonicum,* qui soulage reins et dos douloureux.

• Douleurs consécutives à un traumatisme. Le malade a le dos comme brisé. Il souffre des reins, du coccyx. Il ne peut se lever ni se tenir debout.

S'il étend les jambes, il ressent une vive souffrance dans les cuisses. On prescrira *Ruta* (la rue odorante).

• État aggravé à l'humidité. Le malade cherche à se faire masser. Donner *Calcarea fluorica,* excellent remède de sciatique douloureuse par froid humide.

• Des douleurs dans les reins empêchent la marche et obligent le malade à se coucher. Le malade ressent des battements dans la région lombaire qui s'aggravent à la montée rapide d'un escalier et qui s'accompagnent d'une lourdeur douloureuse dans le rectum et dans les membres inférieurs.

A signaler : des crises d'hémorroïdes non saignantes. Prescrire *Aesculus hippocastanum* (marron d'Inde), remède d'origine circulatoire.

• Le malade présente des congestions veineuses aux extrémités, ce qui explique ses douleurs aux jambes lorsqu'il les laisse pendre. Au réveil, le malade a besoin de s'étirer pour faciliter la circulation qui s'est ralentie pendant la nuit. Donner *Pulsatilla,* remède veineux par excellence.

On peut le prescrire en 5 CH et en doses (9 CH).

Deux remèdes dits luétiques.

Le malade n'est pas obligatoirement syphilitique, mais le « terrain » a été entaché de syphilis dans ses antécédents.

1) Le sujet est épuisé. Il a mal partout, tout son corps est meurtri. Tous les membres sont raidis. Les douleurs sont encore plus vives la nuit, par temps humide.

Le malade souffre du dos, des épaules, des bras et des hanches. Il a des torticolis, il a mal au talon.

Malgré ses douleurs, il cherche à se baigner dans de l'eau froide. Donner *Phytolacca*.

On peut prescrire toute les dilutions.

2) Le malade a les articulations déformées, raidies, très douloureuses. Le moindre contact est très sensible. L'état du malade est toujours amélioré par le froid. Prescrire *Guaiacum*.

• Il sera utile de compléter le traitement en prescrivant ultérieurement :

– *Luesinum (syphilinum)* en cas d'origine syphilitique;

– *Tuberculinum residuum* (biothérapique T.R.) sur le terrain imprégné de toxines tuberculeuses;

– *Thuya* (origine sycotique) avec *Medorrhinum* s'il y a une ancienne atteinte blennorragique.

L'ARTHROSE.

Celle-ci serait un processus dégénératif des surfaces articulaires, une sorte de « rouille de la vie ».

Cette dégénérescence est entretenue par une combustion insuffisante des déchets de l'activité articulaire, qui peu à peu prennent la place de la cellule cartilagineuse.

L'arthrose est également la conséquence d'un trouble statique ou dynamique de l'articulation, qui aboutit à une déformation des surfaces articulaires.

La réduction manuelle peut apporter de réelles améliorations dans de nombreuses affections ostéopathiques.

Cependant, le plus efficace des traitements sera celui qui, tenant compte à la fois de la constitution et du tempérament du sujet, pourra couvrir les symptômes de dégénérescence articulaire aigus ou chroniques.

L'arthrose se manifeste au niveau des grosses articulations de la hanche (coxarthrose), du genou (gonarthrose).

Il existe une véritable impotence fonctionnelle, la douleur est aggravée par tous les mouvements, par la marche, par la station debout prolongée. A tous les remèdes précédemment étudiés, il sera utile d'ajouter *Phosphorus* 9 CH et *Plumbum* 9 CH, remèdes de dénutrition tissulaire et de dégénérescence. A employer en doses, tous les quinze jours, en alternant.

LA GOUTTE.

C'est une manifestation arthritique aiguë qu'il est toujours nécessaire de traiter préventivement, en prescrivant un traitement constitutionnel et une médication de drainage.

Le malade présente des alternances morbides (asthme, emphysème, colite, gravelle).

Certains sont surpris de faire des crises de goutte alors que leur régime reste sévère, sans excès d'aucune sorte.

Cependant, les toxines héréditaires peuvent se faire jour chez un sujet apparemment sain.

• L'accès se traitera par *Apis* 9 CH ou *Apium virus* (venin d'abeille), 1 dose immédiatement.

Le début est extrêmement brutal. L'articulation (en général le gros orteil) est enflée, luisante, rosée. Les douleurs sont piquantes, brûlantes, comme causées par des aiguilles rougies au feu.

Elles sont toujours aggravées par la chaleur et calmées

par le froid. Le malade présente un état fébrile, il a chaud mais n'a pas soif.

Se rappeler que les Romains avaient coutume de se faire piquer par des abeilles lors de crises de goutte ou de rhumatismes.

• En cas d'échec d'*Apis*, penser à *Bryonia* en doses (9 CH), pour des douleurs aggravées par le moindre mouvement, calmées par le repos, la pression forte. Le malade est fébrile et a toujours soif.

• En dehors des deux remèdes précédemment prescrits, on peut systématiquement ajouter : *Apis* 4 CH, 1 tube, *Ledum palustre* 4 CH, 1 tube, *Colchicum* 4 CH, 1 tube, *Urtica urens* 4 CH, 1 tube : 10 granules de chaque tube dans un verre d'eau (*Évian*, *Vittel* ou *Volvic*) ; prendre une cuillerée à café tous les quarts d'heure.

• En outre, pour éliminer les déchets toxiques, 20 gouttes, deux fois par jour, de *Lespezeda capitata* (1re décimale).

• Les *Tophis*, concrétions d'urate de soude qui se déposent autour des articulations, des cartilages (oreilles), seront traités par *Guaiacum 5 CH* et *Lithium carbonicum* 5 CH.

LA SCIATIQUE.

A noter que le traitement homéopathique ne dispense pas d'un supplément d'examen, à savoir une radiographie de la région lombosacrée – face et profil –, pouvant mettre en cause très souvent une hernie discale méconnue.

• Dès l'apparition de la sciatique, donner : *Bryonia* 4 CH, *Colocynthis* 4 CH – 2 granules alternés d'heure en heure –, et frictionner la zone douloureuse avec *Bryonia opodeldoch* ou *Rhus opodeldoch*.

• Si, à l'origine, il y a eu traumatisme : *Arnica* 5 CH,

Ruta 5 CH – 3 granules au réveil et au coucher, en alternant.

• Si la sciatique est améliorée

– par l'air du dehors : *Kali iodatum* – *Pulsatilla* ;

– en s'asseyant : *Gnaphalium* – avec engourdissement et crampes dans les mollets et les pieds –, *Kali iodatum* ;

– par la chaleur : *Arsenicum* – *Rhus tox* – *Lycopodium* – *Magnesia phosphorica* ;

– par la chaleur du lit : *Lycopodium* ;

– en étant couché : *Ammonium muriaticum* ;

– à la flexion de la jambe : *Colocynthis* – *Kali bichromicum* – *Kali iodatum* ;

– à la marche : *Ferrum metallicum* (surtout la nuit, obligeant le malade à se lever et à se promener lentement) – *Lycopodium* (un pied chaud, l'autre froid) – *Rhus tox* ;

– par un mouvement lent : *Ferrum metallicum* – *Pulsatilla* ;

– par la pression : *Magnesia phosphorica* (calmé en se couvrant chaudement et par les frictions douces et cependant sensible au moindre contact, au moindre courant d'air en se déshabillant).

• Si la sciatique est aggravée

– en position assise : *Argentum metallicum* ;

– en s'asseyant : *Ammonium muriaticum* – *Lycopodium* ;

– en position couchée : *Kali iodatum* – *Natrum muriaticum* ;

– en position couchée sur le côté douloureux : *Kali iodatum* – *Lycopodium* – *Rhus tox* ;

– en position debout : *Aesculus* – *Sulfur* – *Valeriana* (mais état amélioré par la marche) ;

– en changeant de côté : *Lac caninum* ;

– en étirant la jambe : *Capsicum* – *Valeriana* ;

– par le froid : *Rhus tox* ;

– à minuit : *Nux moschata* ;

– la nuit : *Arsenicum* – *Kali iodatum* ;

– la nuit : *Mercurius solubilis* – *Mezereum* ;

– en toussant : *Capsicum* – *Tellurium* ;

– le soir : *Kali iodatum – Phosphorus – Pulsatilla* ;
– par un mouvement : *Bryonia* ;
– par la marche : *Colocynthis – Sulfur – Ledum* (douleurs croisées ; par exemple : épaule gauche, hanche droite).

LE TORTICOLIS.

Application de *Bryonia opodeldoch* en léger massage.
Lachnantes 4 CH fréquemment renouvelé à faire suivre par *Aconit – Bryonia – Actea racemosa.*
Dès amélioration prendre 4 ou 5 granules de *Sulfur* 5 CH.

Quelques localisations du rhumatisme :

– avant-bras : *Aesculus – Colchicum – Phytolacca – Rhus tox* ;
– bras : *Ferrum phosphoricum – Rhus tox – Sanguinaria* ;
– coude : *Bryonia – Colchicum – Ferrum phosphoricum – Kali bichromicum* ;
– épaule : *Colchicum – Rhododendron – Rhus tox – Sulfur – Medorrhinum* ;
– hanche : *Colchicum – Rhus tox* ;
– genoux : *Bryonia – Kali carbonicum – Rhus tox – Calcarea fluorica* ;
– main : *Caulophyllum – Colchicum – Rhus tox – Actea spicata* ;
– poignet : *Ruta – Rhus tox* ;
– pied : *Hepar sulfur – Ledum palustre.*

L'ENTORSE.

Affection sans gravité si toutefois l'examen ne révèle aucune fracture ni aucun arrachement osseux.

Éviter les bains chauds qui peuvent calmer la douleur, mais qui entretiennent un œdème localisé très persistant.

• Dans les cas simples, donner :

– immédiatement : *Arnica* 9 CH – 1 dose –, suivie du même en 4 CH ou 5 CH très fréquemment, et appliquer une bande de tissu élastique genre Velpeau, en évitant de serrer trop fort ;

– ensuite : *Rhus tox* 4 CH – *Ruta* 4 CH – *Tamus communis* 4 CH.

2 ou 3 granules de chaque ensemble plusieurs fois par jour.

• En cas d'enflure persistante : *Strontium carbonicum* 5 CH – 2 granules au réveil et au coucher.

• La prédisposition aux entorses commande la prescription de : *Natrum carbonicum* 5 CH – *Calcarea fluorica* 5 CH.

2 ou 3 granules matin et soir, en alternant.

PETIT MÉMENTO A L'USAGE DES RHUMATISANTS.

Il est utile de signaler les médicaments que l'on peut employer dès l'apparition des phénomènes douloureux.

A) Aggravés par l'immobilité :

Sulfur 5 CH
Lycopodium 5 CH
Thuya 5 CH

B) Améliorés par l'immobilité :

Aconit 4 CH
Apis 3 CH
Sanguinaria 4 CH

Natrum sulfuricum 5 CH	*Ferrum phosphoricum* 4 CH
Pulsatilla 4 CH	*Arnica* 4 CH
Chamomilla 4 CH	*Colchicum* 4 CH
Causticum 4 CH	*Bryonia* 4 CH
Arsenicum album 4 CH	*Belladonna* 4 CH
Dulcamara 4 CH	*Nux vomica* 4 CH
Rhododendron 4 CH	*Sepia* 4 CH
Rhus tox 4 CH	*Mercurius solubilis* 4 CH

Ajouter les massages suivis de friction avec un liniment tel que *Rhus opodeldoch* si les douleurs sont améliorées par le mouvement, ou *Bryonia opodeldoch* si les douleurs sont calmées par le repos.

L'asthme

« Docteur, j'ai de l'asthme. »

C'est une affection caractérisée par des crises d'oppression avec grosse gêne respiratoire et d'abondantes sécrétions broncho-pulmonaires.

L'accès éclate brusquement, très souvent au milieu de la nuit. Le malade est anxieux, il s'asseoit sur son lit et fait des efforts pour vider sa poitrine de l'air qui la distend. Ces efforts d'expiration se manifestent par des bruits caractéristiques que perçoit l'entourage.

Les crises apparaissent à des époques plus ou moins variables. Certaines sont saisonnières, d'autres succèdent ou alternent avec de l'eczéma. On a même dit avec raison que l'asthme est l'eczéma des bronches.

L'asthme allergique est une réaction de défense organique à l'occasion d'une agression extérieure, un « traumatisme » olfactif, c'est-à-dire la perception d'odeurs, de parfums, l'irritation par certains pollens, des graminées, etc.

L'asthme est souvent consécutif à une surcharge alimentaire d'origine hépatique ou intestinale (appendicite) ou à une irritation due à la présence de parasites intestinaux.

Il est très difficile, étant donné la diversité et la complexité des origines de l'asthme et de ses manifestations, de fournir un schéma succinct des remèdes à utiliser.

L'homéopathie prescrite à bon escient permet souvent des cures radicales, ce qui explique pourquoi la méthode hahnemannienne fait des progrès constants dans le public. Mais il faut savoir que seul le médecin reste qualifié pour entreprendre une thérapeutique qui modifiera le terrain sur lequel évolue la maladie.

Quels sont les sujets susceptibles de faire de l'asthme? Quels sont les terrains propices à l'éclosion d'une telle affection?

L'ASTHME CHEZ LE PSORIQUE.

Le plus souvent, il s'agit d'un psorique chargé de toxines héréditaires ou acquises. Les éliminations se font difficilement. L'individu est en bonne santé apparente, mais, dès que la surcharge toxique est trop forte, il a une crise d'asthme.

• Le type du remède antipsorique est *Sulfur*.

Il est efficace quand il y a des alternances avec des rhumatismes, de la goutte, de l'eczéma, de la migraine.

Le malade a constamment chaud, surtout la nuit. Sa peau paraît sale, elle est le siège d'éruptions fort diverses.

Il a toujours faim, avec notamment une fringale le matin vers 11 heures; il ne peut pas attendre son repas de midi.

On peut prescrire *Sulfur* en 9 CH, une dose par quinzaine.

• Si au contraire le sujet est un grand frileux, toujours très couvert, même pendant la saison chaude, on indiquera *Psorinum* pour renforcer *Sulfur*.

C'est le malade aux trois tricots et aux deux paires de chaussettes. Son visage est enveloppé d'un cache-nez. Il s'enrhume très facilement, le nez coule sans cesse, les expectorations sont abondantes et fétides.

• Pour un sujet gros, gras, frileux, présentant de grosses amygdales, des ganglions cervicaux, sous-maxillaires, un peu pâles, blanchâtres, et un désir violent pour des choses indigestes (terre, craie, charbon), on donnera *Calcarea carbonica*. C'est le troisième des grands remèdes antipsoriques. Il est également très efficace pour les enfants.

Un client asthmatique d'environ cinquante ans était couvert de plusieurs caleçons, pull-overs et manteaux. Il lui fallait une température constante de 20 à 25°. De plus, il était manutentionnaire dans un grand magasin de fourrure...

Je lui indiquai uniquement, avant tout autre traitement, une dose de *Psorinum* 9 CH.

Dès le lendemain, au grand ébahissement de son épouse, il descendit à la cave en manches de chemise. Sa frilosité avait disparu. Son asthme aussi.

Mais les choses ne sont pas toujours aussi faciles ni aussi spectaculaires.

Sulfur et *Psorinum*, s'ils agissent en profondeur, demandent à être préparés, c'est-à-dire qu'il faut souvent lever le barrage hépatique.

• *Lycopodium* sera alors d'un grand secours. On a coutume de mettre en garde contre les réactions de *Lycopodium* donné en très hautes dilutions.

• Il est recommandé de lui adjoindre *China* en 4 CH ou 5 CH pour éviter toute aggravation.

• D'autres draineurs peuvent d'ailleurs être utilisés, tels que *Solidago* ou *Chelidonium*.

Une malade était venue me consulter alors que j'étais très « jeune » en homéopathie.

Cette dame, d'une quarantaine d'années, se plaignait de digestions difficiles, d'aigreurs, de flatulences, bref de troubles d'origine hépatique.

Les remèdes officiels n'avaient jamais eu d'effet véritable, et ma patiente voulait essayer l'homéopathie.

De l'homéopathie, je ne connaissais que *Lycopodium*. Sachant que c'était un remède du foie – la malade avait fait des crises de coliques hépatiques –, je formulai une dose de *Lycopodium* et la priai de donner de ses nouvelles quinze à vingt jours plus tard.

Je n'en reçus aucune. Bien plus, les semaines, les mois passaient et j'apprenais les risques que l'on court en donnant *Lycopodium* sans drainage préalable.

Qu'avais-je donc fait ?

La vésicule de cette patiente hantait mes nuits. N'avais-je pas fait éclater ladite vésicule ? Enfin, un jour, cette cliente se présente de nouveau à la consultation, souriante, réjouie :

« Ah, docteur, votre petite dose, ce qu'elle m'a fait du bien ! Elle m'a totalement guérie ; aussi, je vous amène une amie qui ressent les mêmes troubles que moi et qui voudrait également des remèdes homéopathiques. »

Inutile de dire que cette deuxième patiente n'eut pas droit d'emblée à une dose de *Lycopodium*...

L'ASTHME CHEZ LE TUBERCULINIQUE.

• Le malade est toujours enrhumé, bronchitique, avec expectorations abondantes, d'ailleurs difficiles à expulser. Il est amaigri, il a perdu l'appétit. On prescrira *Sulfur iodatum*, remède tuberculinique (alors que *Sulfur* concerne le psorique).

• Si la crise apparaît le plus souvent la nuit, entre 1 et 3 heures du matin, on donnera *Arsenicum album*. Le malade est angoissé. Il a des sueurs froides, il doit s'asseoir dans son lit. La toux est accompagnée d'une expectoration abondante. Il a peu d'appétit, il boit peu, mais souvent. Il a soif de petites quantités d'eau glacée.

Arsenicum album, remède de fond et de crise, est un « classique ». C'est le remède du Mont-Dore, dont les eaux dynamisées sont chargées d'arsenic.

• Le malade présente une toux quinteuse, la poitrine est encombrée de mucosités. Il a des nausées et des vomissements.

Signe particulier : la langue est toujours propre. On prescrira *Ipeca* avec *Arsenicum album.*

On a intérêt à donner ce remède en trituration, en 1re décimale, une mesure directement sur la langue, à renouveler très souvent surtout en cas de crise.

• Le sujet est amaigri, tout en mangeant bien. Il a un vif besoin de sel. Il a soif pendant et entre les repas. Les symptômes empirent au bord de la mer, au contraire du malade de *Bromium*, qui voit son asthme atténué à l'océan.

Sans être un véritable remède de la crise d'asthme, *Natrum muriaticum* (le sel marin) sera d'un grand intérêt comme remède de fond chez tout tuberculinique.

• Signalons aussi quelques remèdes d'appoint, d'une valeur indiscutable :

– *Sambucus* (le sureau) : remède de l'asthme infantile. L'enfant se réveille brusquement vers minuit, en proie à une suffocation intense. Il présente une toux rauque, rappelant le « faux-croup ».

Signe caractéristique : la peau est sèche pendant que l'enfant dort. Dès le réveil, des sueurs apparaissent, qui disparaissent si le malade s'endort (actif en 4 CH – fréquemment répété).

– *Naphtalinum* (la naphtaline) : le malade a une toux semblable à la coqueluche. Le nez est fortement irrité, les éternuements incessants. L'amélioration est manifeste si le malade sort en plein air. Remède efficace en gouttes 1 CH.

• D'autres remèdes peuvent être essayés : *Hyoscyamus* 4 CH et *Grindelia* 4 CH, associés aux précédents.

L'ASTHME CHEZ LE SYCOTIQUE.

L'asthmatique présente des signes de sycose : il est épaissi, infiltré. Il est atteint d'une sorte de bouffissure généralisée. Il a un gros ventre. Les jambes et les chevilles enflent. Il dort mal, mais a grand besoin de sommeil. D'autre part, le réveil est très difficile. Il est fatigué, inquiet, mélancolique.

• Le malade a des douleurs qui augmentent par temps humide. Il présente le matin, surtout après le petit déjeuner, une diarrhée en jet.

C'est également le matin, aux premières heures du jour, que le malade va faire sa crise d'asthme, accompagnée de beaucoup d'expectorations, augmentée les jours humides, pluvieux.

Tout ce qui touche l'eau va aggraver l'asthme : le voisinage de la mer, les plantes aquatiques, la pluie. On prescrira *Natrum sulfuricum*, qui peut être donné d'emblée en dose, en 9 CH.

• On pourra joindre un autre remède : *Dulcamara* (la douce-amère).

Le sujet présente les mêmes signes que *Natrum sulfuricum*.

• *Thuya*, qui est évidemment le maître remède de la sycose, sera d'un bon apport dans le traitement de l'asthme.

On peut ainsi formuler l'ordonnance :

Natrum sulfuricum 5 CH, 3 granules au réveil ; *Thuya* 5 CH, 3 granules au coucher ; *Dulcamara* 3 X, 10 gouttes avant chaque repas, et *Natrum sulfuricum* 9 CH avec *Thuya* 9 CH, une dose au coucher, tous les quinze jours, en alternant.

LE RHUME DES FOINS.

C'est un chapitre qu'on pourrait classer dans les affections de l'insuffisance hépatique.

Le rhume des foins, allergie respiratoire, résulte de la faiblesse de la fonction antitoxique du foie. Les poisons non brûlés vont chercher une porte de sortie au niveau des muqueuses rhinopharyngées et broncho-pulmonaires.

On pourra chercher la substance allergisante qui a provoqué la crise et la donner en doses homéopathiques, tel le *Pollen* en 9 CH.

Cette dose permet parfois de faire avorter un rhume des foins à son début mais le résultat n'est pas toujours satisfaisant.

On peut joindre *Poumon histamine* 15 CH et se contenter le plus souvent d'un traitement symptomatique, c'est-à-dire :

• *Allium cepa* (l'oignon) en cas d'éternuements répétés;

• *Euphrasia* (le casse-lunettes) en cas d'irritation avec écoulement des yeux;

• *Sabadilla* (la cévadille) en cas d'éternuements, de larmoiements, d'écoulement nasal abondant;

• *Kali iodatum* (l'iodure de potassium) en cas de nez qui coule « comme une fontaine »;

• *Naphtalinum* (la naphtaline) pour une importante irritation des yeux et de la muqueuse nasale;

• *Aralia racemosa* (l'aralia à grappes) pour de la toux, des éternuements et la sensation de corps étranger dans la gorge.

Cependant, il faut savoir que le traitement doit être préventif, préparé bien avant le printemps et l'apparition des premiers symptômes de coryza.

Il faut éviter tout refroidissement, toute irritation locale des voies respiratoires supérieures, et, important en cas de coryza à son début avec un écoulement nasal, NE PAS SE MOUCHER. Il faut s'éponger les narines mais ne pas « ramoner » désespérément une muqueuse irritée et qui souffre.

La nature, qui fait toujours bien les choses, provoque un écoulement salutaire qui protège et facilite la guérison. Donc, après une crise d'éternuement, LAISSER COULER. Là est le secret. C'est un bienfait.

C'est ainsi qu'un psorique éliminera naturellement ses poisons, son trop-plein hépatique, et qu'un simple drainage des voies digestives préparé dès l'hiver aura raison des allergies printanières.

• Aussi, nous donnerons pour ce drainage : *Nux vomica* 5 CH, 3 granules au réveil ; *Sulfur* 5 CH ou *(Sulfur iodatum)*, 3 granules au coucher.

Et, avant les principaux repas : *Allium cepa ; Euphrasia ; Sabadilla ; Solidago,* 10 gouttes de chaque en 3e décimale.

• On ajoutera :

Si c'est la psore qui prédomine : *Psorinum* 9 CH, une dose par mois.

Si le turberculinisme prédomine : *Biothérapique tuberculinum* 9 CH, une dose par mois. Ces deux derniers médicaments peuvent d'ailleurs être associés.

• A titre d'appoint, il sera toujours utile de faire prendre au malade, préventivement, des oligo-éléments tels que *Manganèse oligosol* et *Soufre oligosol,* à jeun, en ampoules, directement sur la langue, à cinq minutes d'intervalle, deux fois par semaine.

Les maux de dents

« Docteur, j'ai mal aux dents ! »

Exclamation que profèrent de nombreux sujets fort pusillanimes, qui viennent se confier au médecin par peur des instruments du dentiste. Or, la technique opératoire a fort bien évolué et la douleur a totalement disparu.

Il faut savoir qu'en soignant certaines dents on peut guérir une affection rebelle, par exemple une hypertension, une stérilité.

L'image de la denture révèle l'état de la constitution du malade, ainsi que son tempérament.

De nombreux remèdes se présentent au stomatologue homéopathe dès le premier examen.

• En premier lieu, un excellent traitement de la douleur : *Kali iodatum* 2 X 5 à 6 gouttes toutes les deux heures, diluées dans du lait ; la douleur oblige le malade à se lever et à se promener.

• *Staphysagria* (l'herbe aux poux) ; les dents sont cariées sur les bords, elles deviennent noires et tombent en morceaux. Douleurs dentaires pendant les règles, calmées par la chaleur et la pression forte.

• *Thuya* ; carie du collet – douleur en se mouchant, douleur dans une dent creuse.

A rapprocher de :

• *Fluoric acid* (l'acide fluorhydrique); les dents se carient facilement – douleurs aggravées par les boissons chaudes. Fistule d'origine osseuse de goût salé.

• *Chamomilla (matricaria chamomilla)*; remède important chez les enfants hargneux, de mauvaise humeur, très coléreux. Les douleurs dentaires sont aggravées avant minuit, après avoir bu chaud; elles sont calmées par les boissons froides.

• *Plantago* (le plantain); les dents sont sensibles au toucher, elles semblent trop longues. Les tissus péridentaires sont très sensibles. Les douleurs sont aggravées par le froid, par la pression et sont pires la nuit.

• *Coffea* (le café); mal de dent intolérable – calmé par de l'eau glacée, la douleur revenant quand l'eau se réchauffe.

• *Manganum* (acétate de manganèse); arthrite alvéolo-dentaire – les douleurs irradient vers l'oreille et la nuque et s'atténuent le soir. On peut l'associer à :

• *Heklalava* (lave du Mont Hekla); névralgie faciale, ostéite, périostite, abcès dentaires, douleurs après extraction.

• *Hypericum* (le millepertuis); permet parfois l'extraction sans anesthésie.

• *Magnesia carbonica* (carbonate de magnésie); les dents sont très cariées, difficilement curables, douleurs aggravées la nuit et calmées par des boissons froides.

D'autres remèdes se présenteront suivant leur modalité :

• *Ferrum phosphoricum* en 4 CH, fréquemment renouvelé; très important, remède inflammatoire avec menace d'abcès et température plus ou moins élevée.

• *Pyrogenium* en 9 CH; à prescrire sans délai peut stopper l'évolution. On peut ajouter 1 ampoule de *cuivre (oligosol)* directement sur la langue 4 à 5 fois par jour.

• *Belladonna*; douleur aiguë, congestive avec battements; peut s'associer à :

• *Mercurius*; les dents sont noires, les douleurs sont

aiguës, pulsatiles, aggravées par le froid et l'humidité, et calmées en se frottant la joue.

• *Mezereum* ; remède de dent cariée – douleurs aggravées la nuit, en touchant les dents avec la langue. Douleur améliorée la bouche ouverte ou en respirant de l'air froid.

Les remèdes homéopathiques en médecine infantile

Le médecin homéopathe est très souvent appelé au chevet de jeunes enfants et de nourrissons.

Le terrain étant le plus souvent vierge de toxines, malgré les tares héréditaires, il sera facile, rapide le plus souvent, d'établir une thérapeutique efficace. Nous étudierons les accidents de la dentition, les troubles respiratoires, les troubles gastro-intestinaux, les troubles nerveux, en particulier les convulsions.

LES ACCIDENTS DE LA DENTITION.

Toutes les fièvres du nourrisson ne sont pas dues aux dents. Cependant, il est indéniable que l'enfant souffre à chaque poussée dentaire et que celle-ci s'accompagne de température.

Des complications peuvent survenir. Il est fréquent de voir apparaître des diarrhées, des rhumes, des bronchites, des otites.

• Un signe typique : une joue rouge, chaude, brûlante (les feux de dents), l'autre joue, pâle et froide.

L'enfant est agité, il crie sans cesse et se calme seulement quand on le prend dans les bras et qu'on le berce. Une dose de *Chamomilla* 9 CH, renouvelée toutes les quatre ou cinq heures, aura raison la plupart du temps des troubles de la dentition.

• L'enfant est abattu. Il a des sursauts, des spasmes et même des convulsions. *Belladonna* 9 CH le guérira. Ce remède est surtout indiqué lors de la pousse des « dents de l'œil » (les canines).

• Autre remède de deuxième urgence : *Phytolacca* en 4 CH (très souvent).

• Si l'enfant paraît aller mieux en mordant quelque chose, un hochet, un biscuit, un morceau de sucre, il sera utile de lui frictionner les gencives avec un coton imbibé de *Plantago T.M.* (Teinture Mère).

• L'enfant crie au moment de la tétée. Il a peur de tout mouvement d'inclinaison en avant, s'agrippe à sa mère, si elle se penche ou si elle veut le coucher. Donner *Borax*.

• S'il y a de la température, avec toutes sortes de complications, que ce soient une angine, une bronchite, une otite ou une colite, on prescrira *Ferrum phosphoricum*. Employer une dose en 9 CH, suivie de granules en 4 CH, 2 granules toutes les heures.

• Les douleurs dentaires surviennent chez des enfants déminéralisés. Ce sont des tuberculiniques.
Remèdes : *Silicea* 5 CH (silice), *Natrum muriaticum* 5 CH (sel marin).
On les prescrit à la cadence de 3 granules au réveil et au coucher, en alternant un jour l'un, un jour l'autre.

• On peut joindre 2 comprimés par vingt-quatre heures de *Ostéocynésine*.

• Un enfant sycotique (ayant subi des vaccins intempestifs, des antibiotiques fréquents et à haute dose) peut présenter des dents qui se cassent dès leur apparition. Remèdes : *Thuya* 5 CH, *Staphysagria* 5 CH, toujours indiqués chez des enfants maigres, nerveux et coléreux.

LES CONVULSIONS.

• L'origine est souvent dentaire : *Chamomilla* 9 CH.

• L'enfant est porteur de vers intestinaux : *Cina* 9 CH.

• L'enfant est porteur d'une éruption qui sort mal : *Gelsemium* 9 CH, *Zincun* 9 CH.

• Si l'on soupçonne une hérédité alcoolique : *Ethylicum* 9 CH, ou *Absinthium* 9 CH.

• Remèdes symptomatiques : *Belladonna, Cuprum, Hyoscyamus.*

LE FAUX-CROUP (laryngite striduleuse).

Parmi les infections les plus impressionnantes qui affolent les parents, la laryngite striduleuse porte à son actif de nombreuses visites médicales de nuit.

Elle survient brusquement après quelques signes prémonitoires à type de gros rhume avec écoulement rhinopharyngé.

C'est le faux-croup, contre lequel l'homéopathe n'est pas désarmé. Cette affection est bénigne, elle guérit spontanément en quelques jours, mais le traitement homéopathique permet une amélioration plus rapide.

• La crise survient brusquement dans le premier sommeil, de 21 à 23 heures. L'enfant tousse, sa voix devient rauque pour s'éteindre. Le petit malade, affolé, porte la main à sa gorge, il est agité, il étouffe, la fièvre monte à 40-41 °.

Ces signes se produisent le plus fréquemment quand l'enfant a été exposé à un vent froid et sec. Lui faire prendre d'emblée une dose d'*Aconit* 9 CH.

En même temps qu'*Aconit*, il est utile de donner, quelques instants après, une dose de *Drosera* 9 CH, suivie toutes les dix minutes de *Spongia* 4 CH, *Sambucus* 4 CH, et *Hepar Sulfur* 4 CH, 3 granules de chaque tube, à donner en même temps.

• On peut verser quelques gouttes de *Moschus (T.M.)* sur un mouchoir et le faire respirer au jeune malade.

LES TERREURS NOCTURNES.

• L'enfant ne peut pas rester seul, couché, dans une chambre noire. Il ne peut dormir qu'avec une veilleuse. Signe caractéristique : il grince des dents. On prescrira *Stramonium* en 1re décimale.

• L'enfant pousse des cris, il gémit, en proie à des cauchemars. C'est souvent un somnambule. Donner *Kali bromatum* en 3e décimale.

LES FIÈVRES ÉRUPTIVES DE L'ENFANCE ET LES MALADIES INFANTILES.

Elles sont toutes accessibles à l'homéopathie. Médecine de terrain, elle aura d'autant plus de résultats qu'elle s'attaquera aux symptômes de la maladie en même temps qu'à sa cause profonde.

La rougeole et la coqueluche sont des affections d'origine tuberculinique. Elles touchent les muqueuses des voies respiratoires (nez, pharynx, trachée, bronches, poumons).

La scarlatine est d'origine luétique. Elle affectionne la gorge (c'est d'ailleurs l'angine qui est le premier symptôme de la scarlatine) et les reins (possibilité de néphrite au cours de la maladie).

• Préventivement, l'homéopathie n'est pas armée contre la rougeole. Mais, contre la scarlatine, il est d'usage d'ordonner avec succès 2 granules, matin et soir, de *Belladonna* en 5 CH.

• La rougeole à son début verra sa période d'état fortement écourtée si, dès l'apparition de la fièvre, on a eu soin de donner, même si le diagnostic est encore incertain, une dose de *Sulfur* 5 CH (5 granules en une seule fois), ou mieux encore une dose en 9 CH chez un enfant déjà surveillé et traité homéopathiquement.

J'ai vu de nombreux enfants terminer une rougeole en quelques heures ; d'autres ont même pu rester debout pendant la maladie.

La dose de *Sulfur* facilite l'éruption ; on évite ainsi une rougeole rentrée et qui sort mal.

Sulfur peut avoir un effet spectaculaire mais jamais grave (sauf quand il y a menace d'otite). La fièvre monte, l'enfant est rouge mais la rémission est rapide, la rougeole évolue sans complications.

• Au moment de l'invasion fébrile, *Aconit* sera toujours indiqué.

• Si les sueurs apparaissent, nous aurons : *Belladonna*.

• Si l'enfant est prostré, l'éruption sort mal, ce sera l'indication de : *Gelsemium*.

• Les troubles respiratoires réclameront : *Bryonia*.

• Si la toux est sèche, quinteuse, *Gelsemium* et *Bryonia* doivent être accompagnés de : *Ferrum phosphoricum*.

• Dans les formes bronchiques, ou même pulmonaires, l'encombrement des bronches par des mucosités, nous aurons l'indication d'*Ipeca* ou de *Antimonium tartaricum*.

• En fin de rougeole, il est toujours utile d'administrer une dose de *Sulfur* 9 CH pour permettre l'évacuation des toxines.

Que sont ces toxines dites tuberculiniques ?

Le fait d'un héritage ancestral ; le plus souvent, un grand-père tuberculeux, une arrière-grand-mère poitrinaire. Dès sa venue au monde, l'enfant cherche à rejeter les poisons qu'on lui a légués. D'autre part, les cutiréactions intempestives, trop fréquemment renouvelées, le vaccin B.C.G. administré d'une façon inconsidérée seront un facteur supplémentaire de tuberculinisme.

Que dire des vaccins modernes contre la rougeole?

Certes, l'enfant paraîtra immunisé, mais, si une bonne rougeole classique ne se produit pas, des accidents ultérieurs, localisés au niveau d'organes profonds (foie, rate, moelle), pourront apparaître.

Cela est également vrai pour une autre maladie infantile : la coqueluche.

Le remède le plus actif pour la coqueluche est *Drosera*.

• Il est classique de prescrire dès le début des quintes, 5 ou 6 granules le soir de *Sulfur* 5 CH et, quelques heures après, une dose de *Drosera* 9 CH.

Cette dose va sans doute déterminer une aggravation assez impressionnante, suivie le lendemain d'une sédation rapide des symptômes.

• On peut associer à *Drosera* une dose de *Pertussin* 9 CH. Mais ce remède ne doit être prescrit qu'en cas de coqueluche confirmée, car il peut provoquer parfois des aggravations.

Suivant les symptômes, il sera utile de prescrire :

• Quintes violentes, convulsions, lèvres bleuâtres : *Cuprum*.

• Étouffement, gros râles, langue propre : *Ipeca*.

• Face rouge, suffocation extrême : *Corralium rubrum*.

• Glaires filantes, très abondantes : *Coccus cacti*.

LES OREILLONS ET LA VARICELLE.

Les remèdes homéopathiques sont extrêmement efficaces.

• Tout d'abord *Parotidinum* 9 CH (une dose), qui peut parfois immuniser, souvent faire avorter et toujours réduire les symptômes.

• Au début : *Belladonna* 4 CH, alterné avec *Mercurius vivus* en 4 CH.

• A la période d'état : *Rhus tox* 4 CH, alterné avec *Pulsatilla* 4 CH.

Ce dernier remède peut prévenir les complications : ovarite, orchite, mammite.

• A ce stade, ajouter : *Spongia*, surtout s'il y a sensation de meurtrissure, et une grande sensibilité au toucher au niveau des testicules (ou de la région ovarienne).

• La varicelle requiert à son début les remèdes ci-après, alternés : *Belladonna* 4 CH et *Rhus tox* 4 CH.

• En cas de croûtes épaisses qui laissent sortir un liquide purulent épais, avec sensation de brûlures et de fortes démangeaisons, donner *Mezereum*.

• En cas de pustules avec croûtes jaunâtres, saignant facilement, on prescrira *Bufo* en 5 CH.

• Au cours de l'affection, pour réduire l'intensité des cas, donner une dose de *Vaccinotoxicum* 7 CH.

LES RHINOPHARYNGITES A RÉPÉTITION CHEZ LES JEUNES ENFANTS.

Le médecin homéopathe est souvent consulté, surtout au cours de la période hivernale, pour de jeunes enfants qui ne cessent d'être enrhumés, qui font facilement de la température et qui sont souvent alités.

On a recours aux antibiotiques qui, certes, ont raison de ces rhinopharyngites, mais la moindre sortie, le moindre courant d'air entraînent une rechute avec plus ou moins de complications.

L'enfant est affaibli, anémié, d'autant qu'il a été gavé d'antibiotiques qui ont fatigué sa cellule hépatique et qu'il a reçu de multiples cutiréactions ou indradermoréactions, qui l'ont turberculinisé et ont diminué ses réactions de défense.

Bien plus, ces rhinopharyngites se compliquent d'otite. On a recours à un spécialiste, à la paracentèse et aux antibiotiques.

J'ai vu des enfants condamnés chaque hiver à de multiples paracentèses; et j'ai eu la satisfaction d'empêcher rapidement toute récidive.

Cela nous conduit à brosser rapidement le tableau d'une thérapeutique efficace et d'une inocuité absolue.

• En période grippale, donner systématiquement *Oscillococcinum 200*. Dès le début, une telle dose peut calmer les douleurs d'oreilles les plus aiguës.

Nous informons le lecteur que le chiffre 200 correspond à l'ancienne nomenclature et que nous ne disposons pas de 7 CH ou 9 CH.

• Si l'otite survient à l'occasion d'une poussée dentaire : *Chamomilla* 9 CH, une dose. Donner ensuite : *Arsenicum album* 5 CH, une fois toutes les quarante-huit heures, 5 ou 6 granules.

• La fièvre sera combattue par *Aconit* 3 CH, si l'affection est survenue très rapidement, après exposition au froid sec, s'il y a agitation, anxiété, hypersensibilité.

• Mais il importe de retenir le tandem : *Belladonna* 7 CH ou 9 CH – *Ferrum phosphoricum* 7 CH ou 9 CH, alternés toutes les heures, qui nous a toujours rendu les meilleurs services.

• S'il y a menace de mastoïdite, penser à : *Capsicum* 4 CH et à *Ferrum phosphoricum* 4 CH, alternés toutes les heures.

En période aiguë, ne jamais donner *Pulsatilla, Sulfur, Hepar sulfur,* sans l'avis d'un médecin homéopathe qualifié.

Nous venons de voir de quel riche clavier nous pouvons disposer et combien spectaculaires peuvent être les résultats.

En règle générale, il est facile de brosser un tableau synthétique de toute la pathologie hivernale, et quand je suis en présence d'un enfant malade j'applique presque systématiquement la recette ci-dessous avec des résultats satisfaisants.

Je donne tout d'abord des oligo-éléments, qui ne sont ni allopathiques ni homéopathiques mais qui agissent par leur seule présence.

• Deux matins par semaine, par exemple le lundi et le jeudi, une mesure à jeun, directement sur la langue, de *Cuivre-Or-Argent-Oligosol.*

• Deux autres matins, par exemple, le mardi et le vendredi, une mesure de *Manganèse-Cuivre.*

• Et tous les soirs, *Pulsatilla* 5 CH et *Sulfur iodatum* 5 CH, au coucher, 3 granules, en alternant un soir l'un, un soir l'autre.

• Avant chaque repas, à titre de drainage hépatique, 10 gouttes de : *Solidago* 3 X (un flacon) pour empêcher les récidives.

LES SINUSITES.

Leur traitement diffère très peu du traitement des rhinopharyngites et même de celui des angines.

La sinusite aiguë peut être traitée à son début par : *Belladonna* 4 CH ; *Mercurius solubilis* 4 CH ; *Allium cepa* 4 CH ; renouvelés toutes les heures – en alternant.

• En cas de température, ajouter 1 dose de : *Pyrogenium* 9 CH.

• En cas d'épidémie grippale : *Oscillococcinum* 200 – 1 dose, alternée avec *Influenzinum* 9 CH – 1 dose le lendemain. Ces doses peuvent être renouvelées.

Ajouter au traitement :

• *Viola odorata* 4 CH : douleur frontale et lourdeur des paupières.

• *Sticta pulmonaria* 4 CH : douleur à la racine du nez ; obstruction nasale, non améliorée en se mouchant.

• *Sambucus* 4 CH : l'obstruction nasale réveille la nuit avec oppression et sueurs.

• *Hcpar sulfur* 4 CH : frilosité, irritabilité, sécrétions très épaisses, état aggravé par le froid sec.

• En cas de douleurs :

– *Lachesis* 5 CH : aggravation en se penchant en avant.

– *Hypericum* 5 CH : douleurs comme si le malade avait reçu un coup.

– *Ruta* 5 CH : avec une sensation de meurtrissure.

En règle générale il est utile de suivre le conseil du Dr. Dufilho qui distingue deux catégories de malades :

a) améliorés par l'air frais :

Kali sulfuricum; Sulfur; Pulsatilla; Lachesis;

b) aggravés par l'air frais :

Cistus canadensis; Kali Bichromicum; Kali Muriaticum; Calcarea carbanica; Calcarea phosphorica; Silicea.

LES SINUSITES CHRONIQUES.

Elles relèvent surtout des gros remèdes de fond :

1) *Sulfur iodatum; Arsenicum; Pulsatilla,* pour les tuberculiniques.

2) *Psorinum* et *Sulfur* pour les sporiques.

3) *Medorrhinum* et *Thuya* pour les sycotiques.

Il est toujours facile d'adjoindre une cure d'organothérapie, à savoir des suppositoires de *Muqueuse du sinus frontal* 5 CH – *Muqueuse nasale* 5 CH, en même temps qu'une prise régulière d'oligo-éléments tels que :

Cuivre-Or-Argent; Manganèse-Cuivre; Manganèse et *Soufre.*

LES AMYGDALES.

« Tout d'abord, ne jamais opérer les amygdales sans réaliser, avant et encore après, pendant quelque temps, un bon drainage des toxines ayant provoqué l'hypertrophie de ces organes. »

Dr Paul CHAVANON

D'autre part ne pas affirmer : amygdales volumineuses, amygdales malades.

On risque, si on ne prend aucune précaution, de gros accidents, tels qu'une crise d'appendicite (l'appendice étant de la même nature que l'amygdale) ou une poussée tuberculinique grave, dans les semaines qui suivent l'intervention.

Devant un enfant atteint de « grosses amygdales », penser à :

Baryta carbonica; Calcarea Carbonica.

Le sujet justiciable de *Baryta carbonica* présente des amygdales très sensibles, fréquemment enflammées et infectées. Le jeune enfant a toujours des ganglions durs et douloureux.

L'enfant de *Baryta carbonica* est d'une frilosité maladive. Celui de *Calcarea carbonica* est lui aussi frileux. C'est surtout un enfant apathique, flegmatique, à grosse tête, à gros ventre et qui présente des sueurs aigres, surtout la nuit, sueurs qui mouillent l'oreiller.

• Les accidents aigus nécessitent :

– *Aconit* : attaque fébrile la nuit, sujet congestif.

– *Belladonna* : symptômes rapides, violents, sueurs abondantes.

– *Mercurius* : avec salivation, langue en carte de géographie.

On distingue *Mercurius protoiodatus* si l'inflammation est à droite, et *Mercurius biiodatus* si elle est à gauche.

Ne pas oublier : à droite : *Lycopodium* ;
à gauche; *Mercurius biiodatus* et *Lachesis* (quand la déglutition des

liquides chauds augmente la douleur, alors que *Lycopodium* est calmé par les boissons chaudes).

• Les amygdalites chroniques sont justiciables de : *Silicea* (enfant frileux, maigre, souffreteux, aux angines à répétition); *Kali bichromicum* (surtout si les amygdales présentent des ulcérations profondes avec des exsudats de fausses membranes).

L'organothérapie se révélera toujours efficace sous forme de suppositoires deux à trois fois par semaine de :

Amygdale 9 CH } aa 10 gouttes
Muqueuse du pharinx 7 CH }
excipient qsp. 1 suppositoire.

Enfin, la lithothérapie nous offre un remède efficace sous forme d'ampoules de : *Ulexite* D_8 – à prendre à jeun deux ou trois fois par semaine.

LES VÉGÉTATIONS ADÉNOÏDES.

Le traitement doit porter sur deux points :

1°) le traitement de l'infection nasopharyngée;

2°) le traitement du terrain et du lymphatisme.

Un traitement bien conduit évite la plupart du temps une intervention. Cependant, il est toujours nécessaire de procéder à l'ablation chirurgicale si les végétations sont trop volumineuses. Cete intervention ne souffre pas de l'interdiction qui a été présentée à propos de l'amygdalotomie.

Les principaux remèdes des infections rhinopharyngées :

• *Drosera* : toux quinteuse, aboyante, après minuit.

• *Euphorbia resenifera* : peut s'accompagner de vomissements ou de diarrhée.

• *Corallium rubrum* : toux violente, suffocante; le malade est très rouge.

• *Aestus* P.C. (Paul Chavanon).

• *Mucopol* (souche de polypes muqueux).

On pourra adjoindre un petit remède très fidèle : *Agraphis nutans* en 4 CH – donné très souvent.

Le terrain sera justiciable de gros remèdes de fond semblables aux remèdes des amygdales, c'est-à-dire :

– *Calcarea carbonica;*

– *Baryta carbonica;*

– *Sulfur iodatum* (à prendre avec prudence si le jeune enfant a tendance à l'otite).

• Après une vaccination, donner : *Biothérapique vaccinotoxinum* 7 CH – 1 dose, complétée quinze jours après par *Thuya* 9 CH – 1 dose.

• Les antécédents gonococciques fréquents chez les parents devront faire songer à : *Biothérapique gonotoxinum* 7 CH – 1 dose – ou *Medorrhinum* 7 CH ou 9 CH.

LES ANGINES.

• Se référer au traitement de début des bronchites *(Belladonna – Mercurius)*.

• Cependant, *Apis* 9 CH, suivi d'*Apis* 4 CH, peut avoir raison d'une angine survenue brutalement, angine rouge avec grosse température.

Apis est un excellent remède d'angine avec réaction méningée.

Il n'est pas rare de voir, à la fin des vacances, au début de l'automne, des enfants présenter des accidents aigus : fièvre, réaction méningée, mal de gorge.

Apis en dose sera infaillible. C'est en effet le remède aigu qui correspond à *Natrum muriaticum*, le sel marin, pour des enfants ayant fait de trop longs séjours au bord de la mer et qui sont imbibés de chlorure de sodium.

• Si l'angine siège à droite, penser à : *Lycopodium* 5 CH, à donner le matin et vers 16 heures.

On peut associer : *Mercurius protoiodatus* 4 CH, 2 granules toutes les heures.

• L'angine à gauche sera justiciable de : *Lachesis* 5 CH, au réveil, avec au coucher : *Mercurius biiodatus* 4 CH.

• Si la déglutition est impossible, avec douleurs irradiant dans les oreilles, si les amygdales sont très grosses, enflées, douloureuses, avec – quand on regarde attentivement la gorge – une rougeur sur les piliers des amygdales, comme une traînée de pinceau, penser à : *Phytolacca* 4 CH.

• La muqueuse est rouge vif et, signe important, le malade éprouve un besoin de se gratter les lèvres jusqu'au sang. On donnera *Arum triphyllum* 5 CH ou 4 CH.

• En cas de maux de tête, courbatures et température, on prescrira *Gelsemium* 9 CH.

• Il y a sensation de courbatures généralisées avec douleurs osseuses, aggravées par le plus petit mouvement, calmées par le repos. En même temps, frissons, soif intense et sueurs. Donner *Eupatorium perfoliatum* 9 CH.

Voilà un gros bagage qui peut juguler déjà un violent accès d'angine grippale.

Ces doses peuvent être administrées à la suite l'une de l'autre, suivies du même médicament en granules de 4 CH, 2 granules toutes les heures.

Remèdes symptomatiques.

• En cas d'inflammations rhinopharyngées, prendre en alternant 2 granules toutes les deux heures de : *Belladonna* 4 CH et *Mercurius solubilis* 4 CH.

• En cas d'écoulement brûlant et irritant, remplacer *Mercurius solubilis* par : *Mercurius corrosivus*.

• Si des éternuements profus se manifestent, ajouter : *Allium cepa* 4 CH.

• La fièvre peut être jugulée par : *Ferrum phosphoricum* 9 CH (une dose), suivi du même remède en 4 CH.

• La toux sèche est justiciable de : *Bryonia* 4 CH.

• La toux grasse relève de : *Ipeca* 4 CH (avec *Ipeca*, la langue est toujours propre).

• Si la langue est sale, essayer : *Antimonium tartaricum* 4 CH.

EN RÉSUMÉ

• Toute angine, sauf complications, correspond à l'équation :
– période de crudité : *Bryonia* ;
– période de coction : *Ipeca*.

• Si l'expectoration devient visqueuse, filante, jaunâtre, penser à : *Kali bichromicum* 4 CH.

• L'affection en voie d'atténuation : le sujet peut être redevable de : *Pulsatilla* 4 CH ou 5 CH et de *Sulfur iodatum* 4 CH ou 5 CH, remèdes remarquables qui permettent un coup de balai des toxines et écourtent la convalescence.

L'HELMINTHIASE (les vers).

Le médecin homéopathe est fréquemment consulté pour des affections vermineuses. Il est indéniable que la présence de parasites dans le tube digestif des enfants occasionne les troubles les plus divers.

C'est souvent le cas d'enfants insupportables, coléreux, grognons, en proie à des terreurs nocturnes, qui se frottent constamment le nez, qui mangent souvent et beaucoup, et qui réclament à manger après les repas.

Ils présentent une toux sèche, continuelle, suffocante. Ils ont de l'incontinence d'urine, du prurit anal. Ils sont amaigris, fatigués, frileux souvent, et présentent des cernes bleus autour des yeux et de la bouche.

Les symptômes empirent aux changements de lune.

• Aussi, il est utile de donner : *Cina* 9 CH avant une pleine lune, et avant une nouvelle lune.

• On peut parfois alterner les doses de *Cina* avec des doses de : *Oxyurus* 9 CH.

• Si l'enfant a mauvaise haleine, des douleurs au niveau de l'ombilic, des palpitations, des maux de tête, on ajoute utilement : *Spigelia* 4 CH, 3 granules au coucher.

• Et s'il y a angoisse, agitation avec des selles fétides, 10 gouttes avant chaque repas de : *Bismuthum* 3ᵉ centésimale.

Ce traitement sera souvent suffisant.

• Cependant, il est utile de faire (surtout aux changements de lune) quelques onctions légères intra-rectales du bout des doigts avec de l'*Onguent mercuriel simple*, un tube de pommade.

PRÉCAUTION IMPORTANTE

A cette occasion, retirer les bagues de ses doigts, le mercure attaquant irrémédiablement l'or des bijoux que l'on peut porter.

Le traitement du Taenia.

• Donner à l'enfant (comme d'ailleurs à l'adulte) pendant une semaine, au coucher, en alternant : *Taenia saginata* 9 CH (2 doses), *Cina* 9 CH (2 doses), *Sulfur* 9 CH (2 doses).

• Et 10 gouttes avant chaque repas, de : *Aspidium filix mas* 3 X.

• S'il n'a pas d'expulsion, recourir à *Tredemine* (allopathique).

Les troubles génito-urinaires
L'accouchement
Les troubles du nourrisson et du jeune enfant
Les maladies rénales

Devant toute affection gynécologique, il importe tout d'abord de faire un diagnostic précis. Les symptômes sont-ils d'ordre fonctionnel ou lésionnel? Il faut s'appuyer sur l'avis d'un spécialiste autorisé qui apportera à l'homéopathe tous les renseignements utiles, c'est-à-dire les résultats des investigations obligatoires : radiographies – au besoin échographies –, frottis vaginaux, etc.

L'interrogatoire du médecin homéopathe va permettre de classer la malade dans une des quatre constitutions et de connaître le tempérament qui prédomine.

Avons-nous affaire à une psorique, une tuberculinique, une luétique ou une sycotique? Cette méthode permettra d'éclairer d'un jour nouveau toute la thérapeutique.

• La malade vient consulter pour des pertes blanches (leucorrhées). Elles sont abondantes, gluantes, épaisses.

Prescrire *Hydrastis* 4 CH ou 5 CH, surtout si la malade est constipée ou si elle a des troubles rhinopharyngés (écoulement rétro-nasal).

• Si elles coulent abondamment le long des cuisses, donner *Aletris Farinosa* 4 CH ou 5 CH.

• Elles peuvent être brûlantes : *Mercurius corrosivus* 4 CH ou 5 CH (le sublimé corrosif), remède important des sujets luétiques, nerveux, fatigués, insomniaques, qui peuvent également présenter des troubles urinaires (brûlures à la miction).

C'est un excellent remède de vaginite et de métrite.

• La malade a des pertes brûlantes, de mauvaise odeur (semblable à celle de la corne brûlée). On prescrira *Kreosotum* 4 CH ou 5 CH. Ce remède est utile chez les femmes psoriques ou luétiques.

Ces malades souffrent en outre de douleurs bucco-pharyngées (gingivite, stomatite) et de brûlures d'estomac.

• Les pertes sont à la fois brûlantes et fétides. Il s'agit de femmes tuberculiniques, pâles, fatiguées, amaigries, sujettes aux rhumes, bronchites, à l'entérocolite.

Leurs règles sont irrégulières, pâles, peu abondantes. Il faudra donner : *Arsenicum album* 5 CH.

Ces malades sont toujours soulagées par la chaleur. Elles ont l'habitude des grandes irrigations vaginales chaudes, qui atténuent les symptômes. D'ailleurs, elles se trouveront bien d'injections vaginales d'eau bouillie, chaude, additionnée de 15 à 20 gouttes de *Calendula T.M.*

• D'autres patientes auront besoin de : *Hepar sulfur* 5 CH, remède des femmes psoriques, sujettes aux éruptions suintantes, chroniques (souvent rebelles), à l'eczéma, à la furonculose. Ces femmes sont également très frileuses.

Hepar sulfur est à rapprocher de *Psorinum,* gros remède antipsorique.

Toutes ces malades seront justiciables d'un drainage profond de leurs voies génitales, qui facilitera l'élimination de leurs toxines de cette manière.

• Dans tous les cas, le meilleur remède que l'on puisse choisir est : *Helonias* 3 X, à prescrire en gouttes, avant chaque repas, midi et soir.

• Devant une affection gynécologique, il faut penser à la prescription de : *Sepia (encre de seiche)*. C'est un très gros remède gynécologique. La malade est psorique, ou tuberculinique. Elle fait de la métrite; elle a un utérus sensible. Elle ressent l'impression d'un poids dans le bas-ventre, d'une lourdeur qui irradie dans les reins, assez profondément affectée.

Elle présente des troubles digestifs, un état nauséeux très prononcé, une langue sale, pâteuse, qui est plus propre pendant les règles.

• La malade a souvent des besoins qu'elle ne peut satisfaire, elle est constipée. Aussi l'adjonction de *Nux vomica* sera-t-elle sans doute nécessaire.

On peut prescrire souvent l'ordonnance ci-dessous avec la certitude d'une action salutaire :

1) *Nux vomica* 5 CH (3 granules au réveil), *Sepia* 5 CH (3 granules au coucher).

2) Et 10 gouttes, avant les repas, de *Helonias* 3 X (si les pertes sont abondantes), *Hydrastis* 3 X (si les troubles digestifs sont prédominants), ou de *Carduus marianus* 3 X (si la malade présente des troubles hépatiques, des migraines, des hémorroïdes, des lourdeurs des membres inférieurs).

• La *Candidose (Candida albicans)* est une maladie due à une mycose, une levure qui a proliféré chez les sujets qui ont reçu des doses trop fréquentes ou trop abondantes d'antibiotiques. Une dose, répétée tous les dix à quinze jours de : *Candida albicans* 9 CH, ou, s'il le faut, *Candida albicans* 15 CH aura vite raison de cette affection désagréable.

LES PERTES BLANCHES CHEZ LES PETITES FILLES.

Elles relèvent le plus fréquemment de : *Sepia* en 5 CH, complété par *Aletris farinosa* (pertes très abondantes) ; par *Helionas* (pertes comme du lait caillé), et par *Lamium album* (l'ortie blanche). Ce dernier remède présente un signe très particulier : c'est l'ampoule qui se manifeste au niveau du talon du pied par frottement.

• Si les pertes ne sont ni acides ni irritantes, donner :

Pulsatilla 5 CH. Deux remèdes à ne pas oublier : *Hydrastis* et *Kali bichromicum*, qui sont tous deux des remèdes essentiels des sécrétions visqueuses, et qui s'accompagnent le plus souvent de troubles digestifs ou respiratoires.

• Donner enfin : *Natrum muriaticum* en 9 CH, suivi d'une tuberculine (T.K. en 9 CH).

Ces doses modifient profondément l'état général de certaines jeunes filles et suffisent à tarir ces écoulements génitaux.

La malade pourrait en outre bénéficier d'une cure thermale dont les eaux chlorurées sodiques (Salies-de-Béarn, Bourbon-l'Archambault) donnent les résultats les meilleurs devant ces troubles gynécologiques.

La psore relèvera de doses de *Sulfur* en 9 CH ou de *Psorinum* en 9 CH ; ne jamais oublier l'effet spectaculaire de hautes dilutions (9 ou 15 CH) de *Thuya* chez les sycotiques.

Enfin *Medorrhinum* sera indiqué s'il y a chez les parents quelques soupçons d'origine gonococcique. N'oublions pas l'effet spectaculaire de ce remède dans l'érythème fessier des nouveau-nés, souvent d'origine blennorragique quand il est tenace.

LA MÉNOPAUSE – LES BOUFFÉES DE CHALEUR.

Il est utile de distinguer trois modalités de bouffées de chaleur qui permettront de leur opposer trois groupes de remèdes.

• La bouffée de chaleur simple :

– *Amylnitrosum* en 4 CH ou 5 CH, remède très fidèle : la femme présente une face rouge, chaude et les bouffées s'accompagnent d'angoisses. A noter : des battements des carotides jusque dans les tempes. Le cœur bat violemment et la malade paraît étouffer.

– *Sanguinaria* en 4 CH ou 5 CH, qui présente deux signes distinctifs :

a) la rougeur circonscrite des joues,
b) la distension des veines temporales.

– *Aconit* également en 4 CH ou 5 CH, la malade est très agitée avec angoisses et peur de mourir. A noter : la face de la malade est rouge quand elle est couchée, et devient pâle dès qu'elle se lève.

• La bouffée de chaleur avec sueurs chaudes (trois remèdes présentent cette association bouffées et sueurs) :

– *Jaborandi :* là, ce sont les sueurs qui dominent. On note également une hypersalivation diurne et nocturne. A donner en doses (9 CH) tous les 5 ou 6 jours.

– *Glonoïne :* les bouffées de chaleur s'accompagnent de battements très violents. La tête est prête à éclater, mais la malade n'éprouve pas d'angoisse. A donner en 5 CH tous les jours.

– *Manganum aceticum* en 4 CH ou 5 CH : il agit surtout si les bouffées de chaleur se manifestent aussi bien à la face qu'au thorax ou au dos.

• La bouffée de chaleur avec sueurs froides :

– *Sulfuric acid :* la malade accuse une faiblesse extrême et en même temps que ses sueurs un tremblement profond. A noter : de nombreuses ecchymoses. On peut trouver chez ces femmes une petite teinte d'alcoolisme (en 5 CH).

– *Lilium tigrinum :* la malade accuse des troubles cardiaques et nerveux, mais surtout des phénomènes nerveux (angoisses, appréhension, agitation fébrile).

– *Strontium carbonicum :* les bouffées de chaleur sont aggravées par l'effort et par la marche et s'accompagnent d'une frilosité telle que la maladie craint les courants d'air et éprouve le besoin de se couvrir la tête. 1 dose en 15 CH est souvent utile pour calmer radicalement cet épisode désagréable.

En résumé, deux gros remèdes de ménopause dont l'indication sera toujours favorable :

• *Lachesis* souvent en 9 CH si la femme n'est plus

réglée ; en 5 CH (réveil et coucher) si la femme présente encore des règles.

• *Ignatia* en 9 CH : chez une patiente d'humeur changeante, capricieuse, très sensible, émotive et dépressive. A retenir, la boule hystérique qui est une sensation de spasme, de constriction à la gorge, ce qui incite la malade à pousser de grands soupirs, à faire de grandes inspirations, avec palpitations, angoisses, le tout mêlé à des phénomènes gastriques tels que l'aérophagie.

LE FIBROME.

C'est le cas de la malade qui vient consulter parce qu'elle refuse l'intervention chirurgicale.

On peut affirmer qu'il n'est pas possible de réduire totalement un fibrome, surtout s'il est volumineux, mais l'homéopathie peut l'empêcher d'évoluer et de se transformer. Elle soulagera :

1° – les douleurs dues à la compression de la masse fibreuse dans le bassin et l'abdomen ;

2° – les hémorragies, très fréquentes et difficiles à traiter.

• Les douleurs seront justiciables d'*Arnica* 5 CH et de *Bellis perennis* 5 CH auxquels on peut joindre *Calcarea fluorica* en trituration 3e décimale, une mesure directement sur la langue, avant les deux principaux repas.

L'ENDOMÉTRIOSE.

C'est une affection qui se manifeste de façon très douloureuse au moment de l'écoulement menstruel. Elle s'observe surtout chez les femmes entre 45 et 55 ans.

En dehors du traitement des règles douloureuses, il faut signaler :

• *Actea racemosa* 3 X – 10 gouttes plusieurs fois par jour –; à prescrire surtout si les règles sont irrégulières, avec des caillots noirs.

• *Caulophillum*; si la malade présente des crampes, des spasmes, des maux de tête.

• *Chamomilla*; dans le cas de règles abondantes, noires, avec des caillots; si la crise est très douloureuse, insupportable, on peut signaler *Cuprum*.

L'endométriose est surtout relevable d'un traitement hormonal, qui doit être dirigé par un médecin compétent.

L'UTÉRUS DOULOUREUX.

– Douleurs pulsatives, battantes : *Belladonna*.

– Douleurs congestives avant les règles : *Lachesis*.

– Douleurs pendant les règles : *Belladonna, Pulsatilla*.

– Impression de constriction : *Gelsemium, Belladonna, Cactus* (pendant les règles).

– Douleurs coupantes : *Cocculus*.

– Douleurs brûlantes pendant les règles : *Calcarea phosphorica*.

– Douleurs irradiant à la poitrine, aux seins : *Lachesis*; aux cuisses : *Kali carbonicum, Lac caninum*; au dos : *Belladonna, Gelsemium*; à l'aine : *Sabina*.

– Douleurs de pesanteur avant la selle : *Natrum carbonicum*.

– Douleurs pendant la selle : *Podophyllum*.

– Aggravation des douleurs par la marche : *Sepia*.

– Douleurs avec besoin d'uriner : *Sepia*.

– Douleurs améliorées en pressant sur la vulve : *Lilium tigrinum, Murex, Sepia*.

– Douleurs pendant le coït : *Ferrum phosphoricum, Hepar sulfur*.

– Douleurs après le coït : *Platina*.

LES HÉMORRAGIES.

• Un remède important : *Drymis* 1re décimale, 10 gouttes dans un verre d'eau d'Évian ou de Volvic ; prendre une cuillerée à café tous les quarts d'heure.

• Le sang est rouge. Il y a des flots de sang brillant mêlé de caillots. Cette hémorragie est aggravée par le moindre mouvement et par la chaleur. La malade ressent des douleurs comme si elle avait reçu des coups de canif de bas en haut dans le vagin. Donner *Sabina* 4 CH ou 5 CH.

• Le sang est rouge vif, la malade a des nausées, souvent des vomissements. Elle souffre de douleurs localisées à l'ombilic, avec irradiation au bas-ventre. A noter : la langue est propre. Prescrire *Ipeca* 4 CH ou 5 CH.

• L'hémorragie est abondante. La malade n'ose pas bouger, d'autant qu'elle se sent les os du bassin comme brisés. Cette sensation disparaît ou s'atténue en appliquant un bandage serré. On indiquera *Trillium pendulum*.

On alternera ou on associera *Ipeca* et *Trillium pendulum*, 10 gouttes de *Trillium* 4 CH dans un demi-verre d'eau et 10 gouttes d'*Ipeca* 4 CH dans un autre demi-verre d'eau.

La malade en prend à volonté, en alternant les deux solutions.

• Le sang est noir, foncé : *Hamamelis* 4 CH ou 5 CH. Le sang se coagule très difficilement. La malade souffre des ovaires. Elle présente souvent des varices et des hémorroïdes. Donner *Hamamelis* 4 CH ou 5 CH.

• L'hémorragie s'accompagne de douleurs crampoïdes. Prescrire *Secale cornutum* (ergot de seigle).

C'est un remède de femmes maigres, pâles, au corps totalement refroidi. Cependant, elles recherchent toujours le froid, ne pouvant supporter d'être couvertes.

• Il importe pour toute malade fibromateuse de prescrire un traitement de fond, c'est-à-dire l'association de : *Aurum metallicum* 5 CH et de *Calcarea fluorica* 5 CH, donnés quotidiennement.

Et *Thuya* 9 CH, une dose tous les quinze jours. Ce traitement devra être poursuivi pendant plusieurs mois.

• Signalons les bons effets des suppositoires d'organothérapie, c'est-à-dire : *Utérus* 9 CH, un suppositoire, trois fois par semaine.

LES AFFECTIONS DES SEINS.

Les seins douloureux.

– Pendant les règles : *Conium – Helonias – Phytolacca.*

– Douleurs des mamelons pendant les règles : *Helonias.*

– Douleurs des mamelons au contact des vêtements : *Conium – Croton – Castor Equi.*

– Gonflement des seins : *Pulsatilla – Silicea – Lac caninum.*

– Gonflement des mamelons : *Mercurius corrosivus.*

– Seins atrophiés : *Conium – Iodum.*

– Induration des seins : *Conium – Silicea – Carbo animalis – Asterias rubens.*

– Nodosités dans les seins : *Conium – Phytolacca – Carbo animalis – Silicea.*

– Crevasses des seins : *Castor equi – Causticum – Graphites-Phytolacca.*

Ne pas oublier l'excès de folliculine qui peut être traité par des doses de *Folliculinum* 9 CH, au quatorzième jour des règles.

Il est prudent de prendre l'avis d'un médecin qui fera une régulation hormonale.

En conclusion pratique, on ne doit pas distribuer aveuglément des hormones, qui peuvent être tout à fait contre-indiquées d'une part et qui peuvent troubler d'autre part l'avenir hormonal de la femme.

Les mastites.

Elles relèvent de :
– *Belladonna* 4 CH ;
– *Bryonia* 4 CH ;
– *Phytolacca* 4 CH.

2 granules de chaque, trois ou quatre fois par jour. Il est utile d'ajouter des compresses sur les seins avec *Phytolacca* D_2 – 10 gouttes pour un verre d'eau bouillie refroidie.

La congestion mammaire.

Elle peut se manifester au moment de l'ovulation et correspond à la poussée folliculinique du moment.

Donner le douzième soir après le début des règles : 1 dose de *Folliculinum* 15 CH.

D'autre part, on ne doit pas distribuer aveuglément des hormones qui peuvent être tout à fait contre-indiquées.

Certains remèdes présentent une réelle efficacité :

• *Belladonna* : les seins sont durs, chauds, pesants. La douleur est aggravée par le moindre mouvement.

• *Bryonia* : les seins sont d'une dureté de pierre. Si la douleur est aggravée par la plus petite secousse, elle sera calmée par un bandage serré et même comprimé.

• *Lac caninum* (lait de chienne) : les seins sont douloureux de l'ovulation à l'arrivée des règles. Ces douleurs s'accompagnent de maux de gorge qui commencent et se terminent avec les règles.

• *Conium* : les seins atrophiés sont très sensibles et présentent des noyaux indurés.

• *Phytolacca* : les seins présentent des nodosités dures

et très sensibles. A prescrire en 1 dose de 9 CH immédiatement après une pleine lune.

Contusion des seins

• Donner à la suite d'un traumatisme même léger : *Arnica* 9 CH (1 dose); suivi de *Hypericum* 9 CH (1 dose); puis de *Calendula* 5 CH (1 tube) et *Bellis perennis* 5 CH (1 tube) – 2 ou 3 granules de chaque matin et soir.

• Dans le cas de la maladie de Reclus (mammite scléro-kystique), la malade présente de nombreux nodules fibreux qui nécessitent une thérapeutique hormonale : *Folliculinum* en 9 CH – 1 dose les sixième, treizième, vingt et unième et vingt-septième jour du cycle menstruel. Donner en même temps : *Conium* en 4 CH et *Phytolacca* 4 CH – 2 ou 3 granules de chaque matin et soir.

Tout récemment, le Dr Maurice Lacour nous a montré les bienfaits de l'emploi de nébulisat de la tige d'ananas, qui a une action directe sur la glande mammaire et réduit les mastoses et les hyperplasies du sein.

LES TROUBLES DES RÈGLES.

La majorité des femmes accusent des symptômes pathologiques rythmés par les règles.

La fatigue.

C'est un symptôme très fréquent, à nuancer cependant :

a) avant les règles : *Magnesia carbonica – Lachesis – Natrum muriaticum*;

b) pendant les règles : *Carbo animalis* – *Sepia* – *Cocculus* ;

c) après les règles : *China* (surtout si les règles ont été abondantes) – *Aletris farinosa* – *Alumina* – *Ipeca.*

Si la malade accuse une frilosité excessive : *Silicea.*

Les troubles du comportement.

La malade est agitée :

• *Chamomilla* : les règles sont en avance, abondantes, de sang noir, très douloureuses. Grande irritabilité nerveuse avec intolérance à la douleur, accompagnée d'agitation et de gémissements.

• *Magnesia muriatica* : règles en avance, abondantes avec douleur dans le dos et irradiation dans les cuisses. L'écoulement diminue si la malade marche et s'accentue si elle s'assied ou se couche.

• *Causticum* : il y a plus de faiblesse que d'agitation. Les règles ne s'écoulent que dans la journée.

La malade est déprimée :

• *Pulsatilla* : pleurs avant ou pendant les règles.

• *Sepia* : la malade est toujours triste au moment des règles. Elle est indifférente à tout et fuit le monde. Signe important : la langue habituellement sale se nettoie pendant les règles.

• *Ignatia* : surtout si la malade présente des troubles nerveux à caractère paradoxal et contradictoire.

Les évanouissements.

Trois remèdes importants :

• *Ignatia* : avec des alternances de défaillances et d'excitations, pleurs ou rires.

• *Bufo* (remède d'épilepsie qui peut être indiqué même

en l'absence de règles) : la malade ne peut supporter la lumière vive.

• *Moschus* : avec crises de nerfs et défaillances fréquentes ; à rapprocher de *Castoreum*.

L'aménorrhée (absence de règles).

L'aménorrhée, retard dans l'apparition des règles, concerne la plupart du temps une fillette qui, à l'âge de la puberté, n'a pas encore eu de règles ou n'a eu que quelques petites pertes sanguines insuffisantes.

Ce sont de jeunes tuberculiniques, morphologiquement peu développées (seins, système pileux), amaigries, décalcifiées.

Le traitement hormonal n'est pas indiqué. Les remèdes de fond du tempérament seront nécessaires pour équilibrer un organisme déficient.

• Tout d'abord, un gros remède tuberculinique : *Natrum muriaticum* 9 CH, une dose tous les quinze jours.

En outre, *Pulsatilla* 5 CH, 3 granules au réveil.

Avec *Sulfur iodatum* 5 CH, 3 granules au coucher.

Et (très important) : *Céréales germées* (1re décimale), 10 gouttes avant chaque repas, midi et soir.

• Si la jeune fille présente des saignements de nez à la place des règles, donner *Bryonia* 5 CH et *Senecio* (séneçon).

• Outre les saignements de nez, *Senecio* guérira aussi la toux sèche, pénible, quinteuse, qui survient chez les jeunes filles pâles, anémiées, fatiguées, insomniaques ou en proie à des rêves lascifs.

• Si les règles se sont arrêtées quand la patiente a pris froid, ou au contact de l'eau, ou encore après un bain froid, il est recommandé de prescrire une dose de : *Pulsatilla* 9 CH, suivie de *Antimonium crudum* 4 CH, 2 granules, toutes les deux heures.

• Si les règles se sont arrêtées après une grande peur, ou une colère : *Thebaicum* 5 CH. On alternera, de deux heures en deux heures, *Gelsemium* 5 CH (peur) et *Chamomilla* 9 CH, une dose (colère).

• Règles supprimées après un bain froid : *Aconit.*

• Règles supprimées après avoir pris froid : *Pulsatilla – Conium – Antimonium crudum.*

• Règles supprimées après une grande frayeur, une émotion ou une violente colère : *Hypothalamus* 9 CH (1 dose) – *Aconit – Chamomilla.*

• Règles remplacées par des saignements de nez : *Senecio – Bryonia – Erigeron.*

• Règles insuffisantes, irrégulières, absentes (aménorrhée) ; donner pendant quatorze jours après la fin des règles : *Hypophyse* 5 CH – 3 granules au réveil – et *Pulsatilla* 5 CH – 3 granules au coucher.

Pendant les quatorze jours qui les précèdent, donner : *Placenta* 5 CH – 3 granules au réveil – et *Actea racemosa* 5 CH – 3 granules au coucher.

• Règles qui cessent en étant couchée : *Lilium tigrinum.*

La dysménorrhée (règles douloureuses).

Les deux remèdes le plus souvent indiqués :

1) *Viburnum opulus* (grande airelle).

Les patientes souffrent de crampes abdominales, que l'on calme en comprimant fortement le bas-ventre, en même temps que s'installe un état nauséeux constant, sans vomissements.

En général, les règles sont en retard, pâles, de courte durée. La malade est irritable, désire être seule et est souvent au bord de l'évanouissement.

On prescrit 20 gouttes de ce remède en teinture mère (T.M.) dans un demi-verre d'eau, chaude de préférence, plusieurs fois par jour.

2) *Colocynthis* (coloquinte).

La malade présente des douleurs crampoïdes qui l'obligent à se plier en deux et qui sont calmées par la chaleur et la pression forte. L'ovaire gauche est le plus souvent concerné.

Ne pas oublier, dans tous les cas, une dose de : *Luesinum* 9 CH, une fois par mois.

Pour les cas rebelles, faire préparer par un laboratoire homéopathique un isothérapique du sang des règles. Il suffit de recueillir dans un tube ou un flacon stérile (fourni par le laboratoire), soit sec, soit contenant du lactose ou un mélange eau-alcool-glycérine, quelques gouttes de l'écoulement sanguin ou, à défaut, un petit fragment de la serviette tachée de ce sang.

La posologie sera facile : 3 granules tous les matins, au réveil, de la préparation en 5 CH, et une dose en 9 CH, quatre à cinq jours avant l'apparition des règles.

L'hydrolipoplexie.

C'est une obésité très spéciale qui s'observe exclusivement à l'occasion des règles.

Le poids de la patiente augmente chaque mois malgré les restrictions alimentaires.

Toutes les localisations peuvent se présenter (gonflement des mains, des pieds, de l'abdomen, bouffissures des paupières) et ce phénomène survient environ deux jours avant la menstruation.

Il faut alors diminuer les liquides (sans les supprimer totalement) et les absorber de préférence en dehors des repas. L'apport de sel dans l'alimentation sera également réduit.

• Le remède le plus souvent indiqué, surtout si les phénomènes cellulitiques et les œdèmes sont importants, et si le trouble est aggravé par le temps humide sera : *Natrum sulfuricum* en 9 CH – une fois par mois quelques jours avant les règles.

• On peut y associer : *Aranea diadema*, si la malade accuse une sensation de froid glacé et se réchauffe difficilement. Elle a très souvent des douleurs profondes dans les bras, les jambes, les talons.

• Penser aussi à : *Dulcamara,* indiqué en cas d'aggravation par le froid humide qui provoque maux de tête, névralgies, rhumatismes.

Ne jamais oublier *Phytolacca* qui agit en très basses dilutions (1re décimale).

L'hormonothérapie sera toujours d'un excellent apport : *Hypophysine* 5 CH ; *Thyroidea* 5 CH ; *Hypothalamus* 9 CH.

Autres troubles liés aux règles.

• Diarrhée avant les règles : *Bovista – Lachesis.*

• Diarrhée pendant les règles : *Bovista – Veratrum album.*

• Diarrhée après les règles : *Lachesis.*

• Constipation avant les règles : *Kali carbonicum – Graphites – Silicea.*

• Constipation pendant les règles : *Platina – Sepia – Graphites – Kali carbonicum.*

• Règles trop abondantes : *Hypophyse* totale 9 CH (4 ou 5 jours avant la date prévue pour l'arrivée des règles). *Folliculinum* 9 CH (5 jours après le début des règles).

• Règles seulement pendant le jour : *Pulsatilla – Causticum.*

• Règles seulement la nuit : *Bovista.*

• Règles plus abondantes la nuit : *Magnesia carbonica.*

• Règles ne durant qu'un seul jour : *Sepia.*

• Nausées avant les règles : *Hyoscyamus – Ipeca – Pulsatilla.*

• Nausées pendant les règles : *Nux vomica.*

• Enrouement pendant les règles : *Graphites.*

• Stomatites (douleurs gingivales et dentaires) quelques jours avant les règles : *Sepia – Chamomilla.*

• Si allergie prémenstruelle comme gonflement abdominal, tension nerveuse, angoisse, irritabilité, congestion des seins, migraine, palpitations, cystite : *Folliculinum* 9 CH – le deuxième soir après le début des règles – et ensuite *Histaminum* 5 CH – au réveil et au coucher jusqu'aux règles suivantes.

L'OSTÉOPOROSE.

C'est une affection dont on parle beaucoup ces derniers temps. Quelle femme arrivée à l'âge dit critique n'a pas formulé avec angoisse cette crainte imprécise : « Pourrai-je avoir à l'heure de la ménopause cette nouvelle maladie dont on décrit les symptômes dans de nombreux magazines ? »

Ce n'est pas une maladie, ce n'est qu'un symptôme, fort banal d'ailleurs, qui se manifeste chez de nombreuses femmes à l'heure du retour d'âge – premiers signes d'une sénescence précoce, séquelles d'une déminéralisation en rapport le plus souvent avec un déséquilibre hormonal.

La trame osseuse se raréfie, devient plus fragile et favorise les fractures à l'occasion du plus léger traumatisme, en particulier au niveau du col du fémur – accident redoutable chez les personnes âgées, dénutries, qui, à l'occasion du repos allongé, favorise une congestion pulmonaire passive et très souvent la mort.

Classiquement, il est loisible de prescrire des sels de chaux à haute dose, mais les résultats se révèlent décevants.

Dans tous les cas, il est utile de prescrire :

– *Symphytum* 5 CH et *Calcarea phosphorica* 5 CH – 3 granules au coucher –, en alternant ;

– d'y associer *Osseinum* 3 C – 10 gouttes avant chaque repas, midi et soir ;

– de donner à jeun une ampoule de : *Feldspath* quadratique D_8, alterné le lendemain avec : *Calcaire de Versailles* D_8.

Certains sujets se trouvent améliorés par la prise de *Quartz* 3 C, qu'on peut alterner avec *Osseinum.*

LES BARTHOLINITES.

Ce sont des affections assez fréquentes localisées au niveau de la moitié supérieure de l'une des grandes lèvres. Selon l'origine microbienne (colibacille – streptocoque – staphylocoque – gonocoque), il sera facile de prescrire le nosode correspondant.

Traitée à temps, la malade évitera l'exérèse chirurgicale.

• Au début, donner : *Belladonna* 5 CH et *Hepar sulfur* 5 CH – 3 granules matin et soir de chaque tube.

• S'il y a un gros œdème apparu brusquement : *Apis* 9 CH (1 dose).

• En cas de température : *Pyrogenium* 9 CH (1 dose) et des ampoules de *Cuivre (Oligosol)* 4 ou 5 fois par jour.

• Si la collection est formée, donner en basse dilution les mêmes remèdes : *Belladonna* et *Hepar sulfur* en 3e décimale. Cela aidera la collection purulente à se former.

A tous les stades il sera utile de donner : *Phytolacca* 5 CH, excellent remède qui a beaucoup d'affinités avec les glandes génitales.

Deux autres remèdes pour éviter la formation d'un nodule dans la grande lèvre : *Conium* 5 CH et *Baryta carbonica* 5 CH – à prescrire à la phase terminale de l'affection.

Chez le psorique qui fait facilement des collections purulentes, il importe de donner *Sulfur* 9 CH, en doses répétées ; avec des ampoules de *Manganèse (Oligosol)* et de *Soufre (Oligosol)* – à jeun, à cinq minutes d'intervalle, trois fois par semaine.

LES TROUBLES DU SENS GÉNITAL

Ils sont facilement curables par l'homéopathie. Nous devons au Dr Léa de Mattos une étude très complète des troubles de la sexualité. Celle-ci assurait la consultation de gynécologie à l'hôpital Broca et a mis au point un traitement homéopatique. Nous sommes heureux de pouvoir ici-même en présenter quelques extraits.

Tout d'abord, les déficiences et les dérythmies d'origine hormonale trouveront leur thérapeutique pour empêcher l'apparition de troubles endocrino-métaboliques.

A la préménopause et au cours de la ménopause même, il sera toujours utile d'associer la folliculine et la testostérone (hormone femelle et hormone mâle) ; la première en haute dilution (9 CH) et la seconde en basse dilution (4 CH).

Ce traitement bien conduit pourra soulager certaines femmes présentant des troubles parétiques et spasmodiques.

Les syndromes neurologiques peuvent être soulagés par la prescription de doses de : *Medullinum* en 7 CH, fréquemment renouvelées.

• Tout d'abord chez la femme, frigidité totale, absence de besoins, répulsion pour l'acte sexuel : *Ferrum metallicum, Causticum, Graphites*.

Ces trois remèdes sont à donner en doses en 9 CH, trois soirs par semaine, en alternant.

• La femme ne répugne pas à l'acte sexuel mais elle n'est pas satisfaite. En même temps que des désirs sexuels exagérés, qui d'ailleurs la fatiguent et la dépriment, elle ressent des douleurs violentes dans la tête et les seins, surtout à gauche. Prescrire *Asterias rubens* (étoile de mer). On peut y associer : *Nuphar luteum* (le petit nénuphar), *Damiana, Caladium* (patientes intoxiquées par le tabac) et *Conium* (pour celles qui présentent des vertiges ou de la mammite chronique).

• La malade éprouve du plaisir mais n'a aucun désir : *Phosphorus* (remède de premier ordre). C'est le remède des femmes qui n'acceptent pas la diminution de leur sens génésique. Ces femmes présentent une agitation continuelle, avec une impression indéfinissable d'anxiété et même d'inquiétude le soir au crépuscule. Ces femmes sont souvent insatisfaites plutôt que frigides à proprement parler. Madame de Mattos rapporte la description métaphorique de *Phosphorus* faite par Charette : « Frottez, écrit-il, une allumette phosphorique et regardez-la brûler. La partie de la tige que la flamme a touchée se redresse, s'érige pour bientôt s'abaisser et tomber carbonisée. »

A *Phosphorus* se rattachent : *Onosmodium*, prescrit en 5 CH, qui agit chez les femmes épuisées présentant des douleurs lombaires et des sensations d'engourdissement dans les jambes ; *Phosphoric acidum*, pour celles ayant connu de nombreuses expériences amoureuses décevantes.

• S'il y a hypersensibilité des organes génitaux, le moindre contact produit une violente excitation qui l'oblige à croiser fortement les jambes. Prescrire *Murex purpurea* (pourpre) 9 CH, une dose tous les quatre à cinq jours.

Ce type d'excitation se manifeste surtout chez les jeunes filles avant la puberté. Elle peut déterminer un véritable état névropathique d'obsession et de mélancolie.

• La femme présente les mêmes troubles, en rapport avec une excitation excessive du sens génital.

L'hypersensibilité est telle que la malade ne supporte pas les rapports et défaille pendant l'acte sexuel. On a vu des mariages non consommés chez de jeunes femmes vierges atteintes de « vaginisme ».

Platina en dose (9 CH), répété tous les quatre à cinq jours, améliore très rapidement la situation.

• La sécheresse du vagin, trouble fréquent pour lequel le médecin est consulté, est du ressort des remèdes : *Camphora* 5 CH, *Alumina* 5 CH, *Berberis* 5 CH – 3 granules au réveil et au coucher, en alternant.

Chez l'homme, l'impuissance sera traitée par des doses de : *Conium* (la grande ciguë de Socrate).

Il sera bénéfique d'y associer des cures prolongées de *Gin-seng* et d'*Eleuterocoque*, prescrits associés en 3 CH – en gouttes : 15 à 20 gouttes avant chaque repas midi et soir.

• L'impuissance est l'effet secondaire d'une continence prolongée ou, au contraire, d'excès sexuels. Le sujet a des désirs, mais les érections sont insuffisantes et les éjaculations involontaires. Il est déprimé, triste, épuisé comme après une maladie débilitante.

On fera alterner *Conium* avec *Selenium*. Ces deux remèdes seront donnés en haute dilution (9 CH), une fois par semaine.

• On adjoindra : *Agnus castus* (gattilier).

Cette plante est utilisée par les religieux, qui la glissent sous leur matelas, pour réfréner leurs ardeurs sexuelles.

A doses homéopathiques, c'est un excellent remède contre l'impuissance.

On le prescrit en 4 CH alterné avec *Orchitinum* 4 CH, très utile en cas d'insuffisance endocrinienne.

L'ONANISME.

Le plaisir solitaire peut s'installer à des degrés différents. Pratiqué rarement, il ne peut en aucun cas altérer le comportement du sujet.

Il faut penser avant tout aux grands remèdes de fond.

• *Calcarea carbonica* : remède fréquent chez les sujets dont la moindre excitation mentale conduit à l'onanisme.

• On peut ajouter *Caladium* : s'il y en a en plus une intoxication tabagique.

• *Staphysagria* : Pour ceux qui présentent une grande sensibilité des parties génitales – ce qui entretient des idées sexuelles obsédantes.

• Deux autres petits remèdes ne doivent pas être oubliés ; leur efficacité a permis de soulager surtout des petites filles impubères, qui se livraient à des plaisirs solitaires. Ce sont : *Origanum* en 5 CH, alterné avec *Murex purpurea*, en 5 CH également.

L'excitation excessive du sens génital qu'on relève dans *Platina* est telle que le patient ne peut supporter le moindre attouchement des parties sexuelles.

L'HOMÉOPATHIE DANS LA GROSSESSE ET L'ACCOUCHEMENT.

C'est ici que réside le principal intérêt de la doctrine homéopathique, car elle vise à préparer la naissance d'un organisme neuf, sans taches, libre d'une hérédité douteuse, délivré de toutes les toxines ancestrales dont nous héritons à la naissance.

Il est donc utile de procéder chez la femme enceinte à un drainage toxinique profond, et cela dès les premiers jours. En effet, dès l'arrêt des règles, tout l'organisme est sollicité en vue d'accomplir cette merveilleuse fonction de reproduction.

Dès le début de la grossesse, la femme prendra *Sepia*.

C'est le remède féminin par excellence, celui qui a pour rôle et pour pôle l'utérus, où tout converge pour élaborer l'être à venir.

Sepia correspond à une congestion veineuse des organes pelviens et de tous les tissus irrigués par les veines du système « porte », c'est-à-dire les veines de l'abdomen et du bassin, congestion qui se manifeste au niveau du foie (nausées), des reins (albuminurie) ou du système nerveux (apathie, état dépressif).

La femme présente le masque de la grossesse, un faciès utérin, avec une peau terreuse, tachée de jaune, surtout autour des ailes du nez.

• Aussi la première ordonnance que l'on pourra prescrire sera-t-elle : *Nux vomica* 5 CH (3 granules au réveil) ; *Sepia* 5 CH (3 granules au réveil). Et 10 gouttes avant chaque repas, midi et soir, de : *Carduus marianus* 3 X.

Il sera utile de donner en même temps : *Calcarea phosphorica* 9 CH (une dose par semaine) pour reminéraliser la future maman et par là même l'enfant qu'elle porte.

• Dès le deuxième mois, il sera nécessaire d'administrer les *Nosodes*, c'est-à-dire les vaccins homéopathiques correspondant aux grandes intoxications tuberculinique, luétique, sporique, sycotique.

La femme enceinte prendra donc de dix jours en dix jours, en alternant, les doses ci-dessous :

Nux vomica 9 CH,
Psorinum 9 CH,
Ethylicum 9 CH,
Luesinum 9 CH,
Medorrhinum 9 CH,
Tuberculinum (biothérapique) 9 CH,
Tuberculinum residuum (biothérapique) 9 CH

En effet, nul ne peut se vanter de n'avoir pas eu dans ses ascendants un grand-père alcoolique, une arrière-grand-mère poitrinaire, un ancêtre syphilitique, asthmatique, rhumatismal ou même eczémateux. C'est dire la puissance de l'homéopathie quand on possède des médicaments capables de neutraliser pour ainsi dire au départ les effets toxiques de toutes les maladies héréditaires chroniques.

Nous avons le cas d'un enfant qui présente des convulsions : ne paie-t-il pas le vice d'un grand-père buveur d'absinthe ? *Ethylicum*, donné à la future maman, préservera le bébé d'éventuels accidents toxiques.

Un autre enfant nerveux, irritable, caractériel, se développant mal, porteur de caries dentaires, avec des amygdales hypertrophiées, sera justiciable de *Luesinum*, trituration homéopathique de chancre syphilitique.

Un ancêtre n'a-t-il pas contracté une syphilis dans sa jeunesse? *Luesinum*, également prescrit à la femme enceinte, nettoiera son organisme et mettra l'enfant à l'abri d'accidents possibles.

Psorinum pour les tares psoriques, les rhumatismes, les eczémas.

Medorrhinum pour lutter contre les phénomènes trop fréquents de l'hérédité blennorragique.

Nux vomica pour le nervosisme, les affections chroniques digestives.

Tuberculinum pour toute hérédité tuberculeuse.

• Ensuite, cinq à six semaines avant le terme, pour préparer un accouchement facile, rapide et sans histoire, il est prudent de prescrire : *Actea racemosa* 5 CH, 3 granules au réveil, et *Caulophyllum* 5 CH, 3 granules au coucher.

• On soumettra également la future mère à un régime peu riche en sel. En effet, le sel est un agent de sclérose, qui durcit les tissus et peut créer des difficultés dans la dilatation du col utérin.

D'ailleurs, un régime riche en fruits et légumes sera toujours favorable.

Les remèdes de l'accouchement.

• Dès les premières douleurs, prescrire : *Gelsemium* 4 CH, 3 granules de quart d'heure en quart d'heure, pour lutter contre les contractions inefficaces et assouplir le col de l'utérus.

• Au cours du travail, on peut donner également tous les quarts d'heure, 3 granules de *Kali carbonicum* 4 CH en cas de douleurs lombaires (la femme accouche par les reins).

• Pour lutter contre les contractions trop pénibles ou

trop rapides qui aboutissent souvent à l'inertie utérine, prescrire *Arnica* en 4 CH.

Excellent préventif des hémorragies, *Arnica* évitera les phénomènes parétiques de la vessie qui surviennent fréquemment après l'accouchement.

• Le travail traîne en longueur, les contractions diminuent, s'affaiblissent : *Secale cornutum* 4 CH, 3 granules, à alterner, de cinq minutes en cinq minutes, avec 10 gouttes de *Caulophyllum* (3e décimale).

Trop peu de femmes utilisent des médicaments homéopathiques au cours de l'accouchement. Cette lacune est regrettable, et nous n'insisterons jamais assez sur la nécessité d'une collaboration plus étroite entre la médecine homéopathique et l'accoucheur.

L'accouchement terminé, j'ai le privilège d'avoir réussi depuis plus de vingt-cinq ans cette expérience : prélever un fragment de placenta (gros comme une noisette) et le placer dans un flacon stérile pour préparer un *Isothérapique* 5 CH en granules ou un *Isothérapique* 9 CH en doses.

Cet isothérapique doit être gardé précieusement dans une armoire, à l'abri de la lumière et des parfums.

Il peut être valable indéfiniment, il apportera un secours efficace au cours d'une affection grave, associé à un traitement homéopathique classique.

C'est ainsi qu'il m'a rendu d'appréciables services, en particulier à propos d'une broncho-pneumonie grave chez un jeune enfant et d'un rhumatisme articulaire aigu chez un adolescent.

Nous devons l'esprit de cette méthode à la médecine millénaire des Incas, qui brûlaient le placenta, le réduisaient en cendres et, à chaque maladie de l'enfant, déposaient une pincée de cette cendre sur sa langue.

Plus modernes, nous transformons notre placenta en granules homéopathiques et pouvons prouver les effets satisfaisants de cette thérapeutique.

LES TROUBLES DU NOURRISSON ET DU JEUNE ENFANT.

L'homéopathie se révèle toujours très efficace. Elle agit en effet sur un organisme neuf, apparemment sans tache, sauf accidents héréditaires.

Les granules peuvent être dissous dans un peu d'eau minérale (Volvic, Évian ou Vittel) et donnés à la petite cuillère au jeune enfant. Si l'affection mérite la prise d'ampoules buvables *(Oligosol)*, verser l'ampoule dans un peu d'eau ou sur un morceau de sucre à faire sucer si l'enfant est plus âgé.

Dès la naissance, certains accidents peuvent se manifester :

L'ictère.

Assez fréquent, toujours bénin. Il apparaît le deuxième jour ou le troisième. Se garder d'agir. L'abstention est la meilleure des thérapeutiques.

Si l'ictère persiste, se contenter de donner 2 granules par jour de *Lupus Humulus* (houblon) en 4 CH.

Le Sclérème.

Fréquent chez des enfants prématurés, ou apparaissant la semaine suivant la naissance.

De pronostic très sérieux, cette affection s'accompagne d'une grave atteinte de l'état général : amaigrissement notable, pâleur, teint plombé, yeux cyanosés, creusement de la fontanelle. Il importe d'appeler d'urgence le médecin.

Cependant on peut penser à donner : *Badiaga* 4 CH, associé à *Elaies guineensis* 4 CH – en granules purs ou dissous, matin et soir, donnés en même temps.

La mammite.

Elle se révèle par l'apparition au bout du mamelon d'un liquide laiteux (lait de sorcière).

S'abstenir de toucher ou d'exprimer les glandes mammaires. On peut essayer : *Lac caninum* 4 CH, 2 granules deux fois par jour.

La toxicose.

Elle s'accompagne d'un syndrome de gastro-entérite cholériforme.

Elle survient fréquemment l'été, pendant les grandes chaleurs, chez un nourrisson nourri artificiellement, au moment d'une poussée dentaire ou d'une poussée d'otite. Ces symptômes peuvent apparaître chez un enfant plus âgé.

• Donner immédiatement : *Pyrogenium* 7 CH ou 9 CH - 1 dose – suivie de 3 ou 4 ampoules par vingt-quatre heures de *Cuivre (Oligosol)*

• Faire suivre le lendemain par *Enterococcinum* 7 CH ou 9 CH – 1 dose.

• En cas de fièvre élevée : *Ferrum Phosphoricum* en 9 CH – 1 dose –, suivi du même remède en 4 CH.

• *China* 4 CH : diarrhée l'été après l'absorption de fruits, soif intense d'eau froide.

• *Natrum Phosphoricum* 4 CH : vomissement d'eau acide, diarrhée verdâtre acide, langue chargée d'un enduit jaune crémeux.

• *Veratrum album* 4 CH : fréquemment renouvelé; vomissements violents, diarrhée abondante, sueurs froides.

• *Ricinus communis :* selles abondantes sans douleur, comme de l'eau de riz.

L'intolérance au lait du nourrisson est souvent due à un excès ou au contraire à une insuffisance de nourriture. Il y a alors nécessité d'un traitement diététique, auquel on peut adjoindre :

• *Aethusa cynapium* (petite ciguë) : le lait avalé est immédiatement vomi. Les vomissements souvent violents sont suivis de faiblesse et d'assoupissement. Les selles sont vertes et gluantes. L'enfant n'a pas soif.

• *Ipeca :* les vomissements ne soulagent pas l'état nauséeux. Pas de soif, langue toujours propre.

• *Magnesia carbonica :* selles dures, verdâtres, écumeuses.

En cas d'erreur de régime penser à : *Antimonium crudum* 4 CH ; *Nux vomica* 4 CH ; *Lycopodium* 4 CH ; donnés fréquemment, en alternant.

Dans le cas de vomissements périodiques avec acétonémie (âge moyen 4 ans), le traitement homéopathique se révèle d'une réelle valeur. La clef de file de cette thérapeutique est : *Senna* (le séné). Il a pour signes : prostration, pâleur de la face, épuisement, insomnie, vomissement, odeur acétonémique de l'haleine (odeur de pomme de reinette).

Avec *Senna*, on peut prescrire : *Chloroformum* 4 CH ; *Colchicum* 4 CH ; *Acetic acid* 4 CH.

L'énurésie (incontinence nocturne des enfants).

Très difficile à soigner, les causes étant multiples et d'un diagnostic fort complexe.

En effet, les aspects psychosomatiques sont très importants chez l'enfant et chez l'adolescent. Le traitement ne sera efficace que si l'on a bien étudié la constitution et le tempérament du jeune sujet. Il peut s'agir d'un tuberculinisme fruste, d'un déséquilibre hormonal, souvent thyroïdien, d'une lésion locale (phimosis) ou d'un trouble de la colonne vertébrale (*spina bifida occulta*).

Il est cependant classique d'essayer d'emblée :

• *Causticum* en 9 CH, ou *Sulfur* en 9 CH, alternés plus ou moins espacés. On pourra ajouter :

• *Sepia* : incontinence se manifestant pendant le premier sommeil.

• *Equisetum hyemiale :* incontinence nocturne et diurne.

• *Ferrum metallicum :* incontinence surtout diurne, en marchant, en toussant, en riant.

• *Natrum muriaticum :* enfant amaigri, altéré.

Si le traitement ne donne pas les résultats escomptés, donner : *Diencéphale* 7 CH, en ampoules buvables, à jeun, trois matins par semaine, alterné le lendemain avec, à tour de rôle, une ampoule de : *Hypophyse* 4 CH ; *Thyroïde* 4 CH ; *Surrénale* 4 CH ; *Orchitine* 4 CH (garçons) ; *Ovaire* (filles).

Ajouter, au coucher trois soirs par semaine, un suppositoire de *Vessie* 4 CH.

L'ALLAITEMENT.

Nous exigeons impérativement l'allaitement au sein. « Le lait de la mère appartient à l'enfant. »

• Dès l'accouchement, donner à la mère : *Calcarea carbonica* 9 CH, une dose.

• Si la montée laiteuse est insuffisante : *Ricinus communis* 4 CH, 3 granules toutes les deux heures, en alternant, et une mesure avant chaque repas de *Glande mammaire* 3 DH (trituration).

• En cas de besoin, 2 ou 3 granules par jour de *Placenta* 5 CH (l'isothérapie de placenta, qui aura été préparé en laboratoire).

• Après l'accouchement, la femme a toujours tendance à grossir. Les hanches et les cuisses s'empâtent. C'est la « culotte de cheval », qui a de quoi désespérer.

La grossesse et l'accouchement ont en effet extériorisé une sycose latente. Aussi, il sera utile de donner pendant de longs mois, tous les quinze jours, au coucher, une dose, en alternant, de : *Natrum sulfuricum* 9 CH et de *Thuya* 9 CH.

LA STÉRILITÉ.

A vrai dire, cet état ne relève pas de la pathologie. Cette inaptitude de certaines femmes à être fécondées relève de différentes causes, tant physiques que psychiques, qui nous échappent. On dispose actuellement de nombreuses possibilités d'examens, qui permettent de conclure à une stérilité mécanique, infectieuse, hormonale ou hypothalamique. Cependant, les traitements ne se sont pas toujours révélés efficaces.

Tout d'abord, rechercher si le conjoint n'est pas responsable de cette stérilité. Le couple en général ne s'en doute pas et seule la femme consulte.

Rechercher chez le partenaire une orchite ourlienne ancienne, un diabète possible, faire des dosages hormonaux et pratiquer un spermogramme.

Si l'on traite la femme, il n'est pas inutile de prescrire au partenaire masculin quelques doses hebdomadaires de suppositoires *d'Orchitinine* 4 CH.

Homéopathiquement, il faut se contenter d'un traitement hormonal : *Hypophyse* 5 CH, associé à *Hypothalamus* 9 CH.

Parfois, 1 dose de *Folliculinum* en 15 CH, fréquemment renouvelée et prescrite chaque fois à des dates différentes au cours du cycle, permet d'amener la fécondation désirée.

• *Gelsemium* paraît être d'un grand secours chez la femme angoissée, qui entretient inconsciemment un barrage à la réceptivité de l'endomètre utérin.

D'autres remèdes ont été proposés, mais peu se sont révélés efficaces. Cependant, notons *Natrum carbonicum* en 9 CH, qui, fréquemment renouvelé, paraît assez fidèle.

• *Hydrastis* en 4 CH peut éventuellement lever le

spasme d'une trompe qui paraissait totalement obturée. On peut également essayer des doses suppositoires (traitement des Dr Bergeret et Tétau) de *Pavillon tubaire, Trompes utérines, Endomètre utérin, Muqueuse vaginale* – en suppositoires de 4 CH, deux fois par semaine.

Dans les cas favorables, la grossesse pourrait survenir au bout de quatre à six mois de traitement.

LES DOULEURS RÉNALES.

En cas de douleurs rénales dues à un calcul qui a été diagnostiqué radiologiquement, il importe de prescrire systématiquement *Calcarea carbonica* 9 CH dès le début d'une crise. Ce remède agit comme décongestionnant et comme diurétique. On ajoute toujours *Pareira brava,* surtout si le malade a des besoins d'uriner tous les quarts d'heure, et s'il est obligé de faire de violents efforts pour émettre ses urines. Il doit se mettre à genoux, la tête très basse. En même temps, il ressent de violentes douleurs dans le gland. Il y a souvent un écoulement mucopurulent.

On utilise de préférence la 3e centésimale, 10 gouttes dans 200 g d'eau, une cuillerée à soupe, toutes les deux heures.

• Si la douleur siège à gauche, on ajoute *Berberis* 4 CH. cette douleur donne une impression de brûlure, de ballonnement, aggravée par les mouvements; la voiture arrache des cris au malade.

• Si la douleur siège à droite : la douleur est intolérable à la fin de la miction. Il y a des dépôts de sable blanc dans les urines. Celles-ci sont rares, floconneuses, visqueuses. La douleur s'accompagne d'hématurie (urines sanglantes). Prescrire *Sarsaparilla* 4 CH, auquel on peut joindre *Ocimum canum* 3 CH (basilic blanchâtre) pour les douleurs dans l'uretère, la vessie, le rein du côté droit. Les urines sont sanguinolentes, avec dépôt rouge brique, et d'odeur musquée.

• Très souvent, la colique néphrétique s'accompagne de nausées, de palpitations et de sueurs froides. La douleur irradie dans l'abdomen.

C'est l'indication de *Tabacum* ou de *Nicotiana tabacum.*

• En cas d'infection : *Pyrogenium* 9 CH.

• Le malade a des brûlures en urinant : *Cantharis* 4 CH, *Mercurius corrosivus* 4 CH, alternés fréquemment.

• Les urines sont troubles, fétides, il y a de l'albumine, du pus : *Formica rufa* 4 CH (fourmi rouge) associé à *Arsenicum album* 4 CH.

• Si l'albumine est abondante : *Sérum d'anguille* 4 CH.

• En cas d'infection : *Pyrogenium* 9 CH.

• En cas d'anurie (le malade souffre et n'urine pas) : *Apis* 9 CH.

L'anurie engendre très vite des phénomènes d'urémie pour lesquels il est urgent de consulter.

• En dehors du régime qui a déjà été établi par le médecin traitant, en fonction de l'analyse du calcul (acide urique, acide oxalique, acide phosphorique), il conviendra dans tous les cas de penser à la possibilité des gros remèdes de fond, qui sont des remèdes de psore : *Lycopodium – Sulfur – Calcarea carbonica.*

• Après la crise, il est utile de prescrire : *Calculi urinae* 9 CH, une dose par semaine.

• Il est préférable de faire préparer, si le malade a rejeté un calcul, un isothérapique à base de ce même calcul : *Isothérapique* 5 CH, 3 granules au réveil et au coucher, et en 9 CH (une dose par mois).

• Deux remèdes d'appoint fort utiles : *Rubia tinctoria* (la garance), en 1re décimale, *Uva ursi* (la busserole), en 1re décimale, 5 gouttes de chaque avant un repas, une fois par jour.

LES MALADIES DE LA VESSIE.

« La vessie est une grande bavarde », a déclaré le Pr Leguew.

En effet, la vessie est un organe d'une extrême sensibilité. Elle est souvent à l'origine de nombreux troubles fort désagréables. Elle est aussi l'organe dans lequel se projettent des signes qui « parlent » au médecin homéopathe et qui éveillent sa curiosité. Il est alors facile de déceler le remède que tempérament ou de constitution du patient peuvent suggérer.

Nous pouvons ainsi définir les remèdes suivants :

• *Staphysagria :* vessie irritable, avec besoin constant d'uriner.

• *Sarsaparilla :* douleurs de cuisson intolérables à la fin de la miction.

• *Argentum nitricum :* incontinence d'urines jour et nuit. Le malade est pressé, ému ou contrarié.

• *Equisetum hyemale :* très efficace chez les enfants et chez les personnes âgées. Sensation de pesanteur non calmée par la miction.

• *Cantharis :* besoins très urgents d'uriner. Douleur brûlante avant, pendant et après la miction.

• *Alumina :* remède de paralysie vésicale ; le malade doit attendre longtemps avant l'émission d'urine et doit faire des efforts pour y parvenir.

• *Kali iodatum :* très efficace chez la femme avant les règles ; besoin constant d'uriner.

• *Muriatic acid* (l'acide chlorhydrique) : le malade ne peut uriner que très lentement. Il fait des efforts tels que le rectum sort de l'anus.

• *Prunus spinosa* (l'épine noire) : besoin très pressant d'uriner. Cependant le malade doit faire beaucoup d'efforts avant d'y parvenir et doit pousser longtemps.

• *Capsicum* (piment rouge) : douleurs brûlantes en

urinant, besoin d'uriner très fréquemment et souvent sans efficacité.

• *Petroselinum* (persil) : envies brusques d'uriner avec impression de démangeaison et de fourmillement au niveau de la vessie.

• *Mercurius corrosivus :* mictions fréquentes et très douloureuses. L'urine s'écoule goutte à goutte.

• *Pulex irritans* (la puce) : irritation de la vessie, accompagnée de démangeaisons piquantes sur toute la peau.

• *Causticum :* le malade ne peut uriner que debout ou en allant à la selle.

• *Opium :* remède de rétention d'urine.

• *Conium* (la grande ciguë) : le malade ne peut évacuer totalement la vessie.

• *Plumbum* (le plomb) : le malade ne peut uriner que peu à la fois.

Il est fréquent de voir des femmes qui perdent leurs urines en dehors des mictions, dans une station debout prolongée, ou lorsqu'elles rient ou lorsqu'elles toussent : *Causticum* 9 CH sera un remède très fidèle, fréquemment renouvelé (par exemple tous les quinze jours), en dehors de tout autre cause de compression, vésicale par exemple, compression due à un fibrome.

En outre, il est toujours profitable de prescrire trois matins par semaine 1 ampoule à jeun, directement sur la langue de : *Diencéphale* 7 CH, et de mettre au coucher trois soirs par semaine 1 suppositoire de *Vessie* 4 CH.

Ne pas oublier les gros remèdes de fond tels que :

Natrum muriaticum;
Argentum nitricum;
Luesinum;
T.R. et *T.K.* (tuberculines).

LES AFFECTIONS DE LA PROSTATE.

La médecine officielle ne propose que l'intervention chirurgicale.

Cependant, bon nombre de patients âgés hésiteraient à subir une prostatectomie s'ils apprenaient que la prostate réputée inutile leur conserverait encore une certaine vitalité.

• Les affections aiguës de la prostate sont justiciables à l'extrême début de : *Belladonna* 4 CH – *Ferrum phosphoricum* 4 CH – *Mercurius solubilis* 4 CH.

• A l'état chronique, les remèdes de fond prennent une grande importance, c'est-à-dire : *Sulfur* avec *Aloe* et *Nux vomica* – *Sepia* avec *Ferrum picricum* – *Thuya* avec *Staphysagria* et *Sabal serrulata* – *Pulsatilla* avec *Clematis erecta*.

• Ne jamais oublier l'indication majeure de *Medorrhinum* en dose (9 CH), surtout s'il y a eu à l'origine une infection gonococcique.

Il s'agit de vivre en paix avec un adénome prostatique, d'éviter les accidents de rétention d'urine et d'infection.

Le traitement devra comporter les deux remèdes suivants, quasiment sans interruption, remèdes qui ont maintes fois fait leurs preuves :

1) *Sequoia gigantea;* bourgeon macérat glycériné D_1 – 20 gouttes une fois par jour.

2) *Épilobe;* donner en 5 CH – en doses (9 CH et 15 CH) –, une fois par quinzaine.

Épilobe réduit rapidement les petits inconvénients mineurs du prostatisme. On peut l'associer à la plante elle-même que l'on trouve dans toutes les bonnes herboristeries, consommée en infusions. Très utile également contre le cancer de la prostate. On a pu enregistrer des améliorations et même une disparition des tumeurs.

Les maladies de peau

« Docteur, je fais de la furonculose; pouvez-vous me traiter sans antibiotiques? »

Certes, une thérapeutique à base d'antibiotiques aura raison apparemment d'une furonculose. L'antibiotique va tuer le germe morbide, à savoir le staphylocoque, mais le terrain lui-même n'a pas changé. L'organisme a toujours besoin de s'épurer.

Bien plus, sa résistance s'est amenuisée, l'antibiotique ayant fatigué la cellule hépatique, provoquant par là même des effets indésirables et favorisant une nouvelle maladie, dite iatrogène : perte d'appétit, digestion troublée, céphalées, troubles colitiques, écoulement rhinopharyngé.

On a ainsi déplacé le germe morbide et fait éclore un autre processus inflammatoire dans une autre région de l'organisme.

QU'EST-CE QU'UN FURONCLE?

C'est un petit volcan, prêt à rejeter sa lave à l'extérieur, volcan qui se manifeste chez les individus psoriques ou psoro-tuberculiniques qui cherchent leur équilibre en rejetant à l'extérieur tous les poisons qui les encombrent.

• Devant toute menace de suppuration, donner immédiatement : *Staphylococcinum* 9 CH, préparé à partir d'une culture de staphylocoques, sans addition d'antiseptique.

• Une heure après : *Pyrogenium* 9 CH, préparé à partir des produits de dégradation de viande de bœuf, de porc et de placenta humain.

• On donne ensuite toutes les heures, en alternant, 2 granules de *Belladonna* 4 CH, *Mercurius solubilis* 4 CH, *Hepar sulfur* 4 CH.

Éviter les compresses chaudes, les pansements humides, qui vont essaimer l'infection.

• Il est toujours recommandé de prendre en perlinguale, plusieurs fois par jour, des ampoules de *Cuivre oligosol*.

• Rappelons qu'*Hepar sulfur* est le roi de la suppuration. Il faut cependant savoir le manier.

En haute dilution (9 CH), il est remarquable pour faire avorter une suppuration à l'extrême début. On peut l'associer à *Pyrogenium* également en dose (9 CH).

• Si le pus est formé, pour accélérer l'évolution du processus inflammatoire, il faudra prescrire : *Hepar sulfur* 4 CH, renouvelé très souvent.

• En cas de panaris, on ajoute : *Myristica cebifera* 4 CH (l'arbre à suif) qui évité souvent le bistouri.

L'ANTHRAX.

C'est un conglomérat de furoncles. L'anthrax réclame la même thérapeutique que le furoncle. Cependant, l'infection est plus grave, plus douloureuse, il y a même des risques de septicémie.

• Il est sage d'administrer une dose par vingt-quatre heures, en alternant, de : *Arsenicum album* 9 CH et de *Anthracinum* 9 CH qui est préparé à partir d'une trituration de foie de lapin charbonneux.

Ajouter : *Echinacea* 3e décimale, 10 gouttes, deux fois par jour.

• Localement, pour faciliter la suppuration et éliminer le bourbillon, appliquer : *Onguent K.L.C.*

• Dès la convalescence, ne pas oublier : *Sulfur* en 9 CH, le grand balayeur des toxines.

Toutes les suppurations réclament les mêmes prescriptions : abcès fistuleux, fistules chroniques, ulcères suintants.

Cependant, il faut mettre le malade en garde quand il s'agit de supprimer brusquement une élimination quelle qu'elle soit, surtout si elle est chronique. Le risque est toujours sérieux.

Chez un client porteur d'une fistule anale, le traitement homéopathique avait espacé les crises, et les suppurations étaient moins abondantes.

Le malade ne souffrait plus, mais la fistule n'était cependant pas tarie.

Malgré ma résistance à l'acte chirurgical, mon patient alla consulter un chirurgien. Celui-ci fit un travail remarquable, mit la plaie à nu et supprima totalement la fistule. Le chirurgien était satisfait, le client non moins heureux.

La suite, cependant, fut fâcheuse, et elle ne se fit pas attendre. Le malade fut pris quelques mois plus tard d'une violente crise nocturne d'oppression et de vomissements sans fièvre.

L'infarctus était évident. Il fallait trouver d'urgence, en pleine nuit, le remède miracle, sans un seul remède cardiaque.

L'homéopathie possède trois remarquables remèdes indiqués pour toute affection résultant de la suppression d'un écoulement (ulcère suintant guéri artificiellement, eczéma suppuré apparemment guéri par les pommades à base de corticoïdes). Ce sont :

Lachesis 9 CH,
Cuprum 9 CH,
Bryonia 9 CH.

L'infarctus de mon malade s'améliora rapidement, uniquement avec la dose de *Lachesis*.

Ultérieurement, pour parfaire la guérison, j'indiquai une thérapeutique de tempérament psoro-tuberculinique.

LES ALTERNANCES MORBIDES.

Les malades errent trop souvent de médecin en médecin, de spécialiste en spécialiste. Chacun n'a-t-il pas *son* cardiologue, *son* dermatologue, *son* rhumatologue? Des femmes ne font-elles pas des aller et retour sans fin de leur gynécologue à leur oto-rhino-laryngologue, le premier colmatant des écoulements vaginaux qui renaissent au niveau rhinopharyngé?

La médecine officielle ayant complètement compartimenté l'organisme, un individu soignera son foie, ses reins, son nez, ses oreilles, sans savoir que l'esprit de synthèse offre une vue générale de tous les symptômes qu'il présente, symptomatologie cernée facilement par le médecin homéopathe.

Ainsi, nous constatons fréquemment les alternances suivantes, auxquelles s'appliquent les remèdes cités :

- lumbagos et migraines : *Aloe* ;
- asthme et diarrhée : *Kali carbonicum* ;
- asthme et éruption : *Rhus tox* ;
- rhumatismes et troubles gastriques : *Kali bichromicum* ;
- troubles utérins et troubles laryngés : *Argentum nitricum* ;
- rhumatismes et diarrhée : *Dulcamara*.

L'ACNÉ.

C'est une affection de l'adolescence. Il s'agit presque toujours d'une manifestation tuberculinique chez des sujets en pleine formation sexuelle, ce qui explique la prescription possible de remèdes endocriniens.

• Le plus important est : *Natrum muriaticum* 9 CH, complété par *Pulsatilla* 5 CH et *Sulfur iodatum* 5 CH.

• Drainage cutané avec 10 gouttes, avant chaque repas, de *Eugenia jambolana* 3 X.

• S'il y a des troubles sexuels, pertes séminales nocturnes, *Selenium*, remède endocrinien de la séborrhée graisseuse, peut être donné avec *Bryonia* et *Thuya*.

• Au moment des règles, *Acné catameniale*.

• Pour des jeunes filles grasses, sans réaction, faibles, présentant au moment des règles des diarrhées et des écoulements hémorroïdaires : *Ammonium carbonicum*.

• Localement, éviter les lotions, les pommades qui graissent la peau. Un traitement simple et efficace : lotions à l'eau de pluie que l'on trouve hors des villes. Pour ceux qui le peuvent, recueillir l'eau de l'orage, et se frictionner le visage, le tronc, le dos et la nuque.

Boire, si on le peut, quelques gorgées de cette eau qui se révèle un puissant tonique que la nature nous dispense généreusement. Rappelons que les animaux de ferme, sortis après un violent orage, lappent l'eau qui coule des toits et des gouttières, et se répand sur le sol en de multiples rigoles.

L'ECZÉMA.

C'est le plus souvent une élimination psorique (sèche ou suintante), assez souvent tuberculinique (sèche ou suintante), rarement sycosique (suintante) ou luétique (sèche).

• Si l'eczéma est d'ordre allergique, il convient de rechercher la substance qui l'a déterminé et de l'administrer à forte dilution.

• Si on ne peut la découvrir, il faut essayer : *Histaminum* 9 CH.

L'allergie sera souvent due à une teinture, à un rouge à lèvres, au contact avec des poils d'animaux (en particulier de chats) ou avec de la poussière de maison.

• Il ne faut pas oublier que l'allergie concerne des aliments ou des médicaments.

Je me souviens de cette cliente qui avait reçu en cadeau de son mari un superbe manteau de vison. Hélas, chaque fois qu'elle le portait, elle était atteinte par la poussée inflammatoire aiguë d'un eczéma quasi généralisé.

Cet eczéma avait résisté à toutes les thérapeutiques officielles. Je fis préparer un isothérapique, c'est-à-dire un prélèvement d'un petit fragment de ce manteau ; le laboratoire avait travaillé par dynamisation et dilution. Ainsi, une dose de *Poil de vison* 9 CH suffit à faire disparaître cette allergie fort désagréable.

Une autre cliente présentait également des troubles cutanés, cette fois au contact du papier carbone. Employée dans un ministère et faisant office de dactylo, elle se voyait obligée de renoncer à son travail.

Une trituration et une dynamisation d'un échantillon de papier carbone en 5 CH et 9 CH suffirent à guérir cette jeune patiente.

L'eczéma aigu.

• L'inflammation apparaît brusquement. La peau est chaude. La douleur est intense, intolérable. Donner *Belladonna* s'il y a œdème, si la peau est gonflée, luisante.

• Si l'eczéma est survenu encore plus brutalement, que

le malade a très chaud, n'a pas soif, urine peu, nous préconisons *Apis* 9 CH.

L'eczéma chronique.

• L'ECZÉMA EST SEC : *Petroleum.*

Aggravé l'hiver, avec des croûtes suintantes, parfois des crevasses et des gerçures au niveau des doigts. A noter des douleurs de nuque, de la diarrhée, associées à des vertiges.

• Eczéma squameux : *Arsenicum album.* La peau est écailleuse, les squames s'éliminent. L'état du malade empire avec le froid et le grattage, qui fait toujours saigner.

Donner dans un premier temps, à titre de drainage : *Lappa major* 3 X ; c'est la bardane, l'herbe aux teigneux.

• L'ÉCZÉMA COULE : *Graphites* pour des croûtes sous lesquelles suinte un liquide épais, gluant.

L'eczéma est souvent localisé derrière les oreilles, au niveau de la face, des paupières, des lèvres, du menton et du cuir chevelu ; dans ce cas : *Calcarea carbonica* peut être associé à *Graphites.*

A titre de drainage, donner : *Viola tricolor* 3 X (pensée sauvage).

• Quelques localisations de l'eczéma :
– Dos des mains : *Pix liquida* (goudron de Norvège).
– Organes génitaux : *Croton tiglium.*
– Paume des mains : *Anagallis* (mouron).

L'IMPÉTIGO.

Il réclamera : *Graphites, Sulfur, Calcarea carbonica,* drainés par *Viola tricolor.*

LES DÉMANGEAISONS.

Le traitement du prurit est avant tout un traitement du tempérament. Cependant, il faut mettre en lumière quelques remèdes symptomatiques d'ordre général et qui conviennent parfaitement dans de nombreux cas.

• Il n'y a pas de lésion visible de la peau : le prurit est aggravé la nuit, à la chaleur du lit. Le grattage n'arrive à calmer que quand la peau saigne. Conseiller *Dolichos pruriens* (poil à gratter).

• Prurit généralisé, surtout marqué aux régions pileuses. Toujours soulagé par le froid : *Fagopyrum* (sarrasin).

• Prurit de personnes sensibles, émotives, à la fois timides et coléreuses. Le prurit se localise souvent dans les voies génitales. Donner *Ambra grisea*.

• Quand les démangeaisons sont provoquées ou entretenues par les émotions, le surmenage nerveux, il sera utile de prescrire : *Ignatia* 9 CH.

• Si le sujet est très agité, coléreux, grossier : *Chamomilla* 9 CH, qui convient spécialement aux organismes de l'enfant et de la femme.

LES ENGELURES.

Quatre gros remèdes importants :

• *Nitri acid* : engelures douloureuses, douleurs aiguës et piquantes comme par une écharde de bois.

• *Agaricus* : rougeurs, brûlures, démangeaisons, comme si les doigts avaient été gelés.

• *Petroleum* : fissures, gerçures au bout des doigts.

• *Pulsatilla* : mains rouges, cyanosées et congestion veineuse des extrémités. Amélioration à l'air libre et par l'exercice.

• Si les engelures

– sont ulcérées : *Arsenicum album* 5 CH – 2 granules matin et soir ;

– avec des vésicules : *Rhus tox* 5 CH – même posologie. Pansement avec de l'*Homéoplasmine.*

Ne jamais oublier le traitement de base : *Sulfur iodatum* 5 CH et *Pulsatilla* 5 CH.

LE ZONA.

Il doit être considéré comme une névrite infectieuse à manifestation cutanée.

• Le zona est justiciable d'un des deux remèdes de fond :

1) Donner immédiatement une dose de : *Vaccinotoxicum* 7 CH.

2) Quarante-huit heures après, s'il s'est manifesté une éruption de vésicules sur le trajet douloureux, prescrire : 1 dose de *Staphylococcinum* 7 CH.

• Traitement symptomatique :

– Localisation thoracique : *Rhus tox* ou *Rhus venenata* 5 CH ; *Ranunculus bulbosus* ou *Sceleratus* 5 CH.

– Écoulement fétide d'odeur gangréneuse : *Mezereum* ou *Euphorbium* en 5 CH ; *Bufo* (venin de crapaud).

– Grosses vésicules : *Cantharis.*

– Démangeaisons intenses et grattage douloureux : *Croton tiglium.*

• Persistance des douleurs de type névralgique : *Arsenicum album* et *Hypericum.*

LES VERRUES.

Penser d'abord à la prescription de *Thuya* en dose 9 CH ou en granules 5 CH, les verrues étant très souvent la conséquence de vaccinations inutiles et répétées (surtout la vaccination antivariolique).

• Selon leur localisation, on pourra prescrire :

– Face : *Natrum sulfuricum* (paupières); *Nitri acidum* (autour des narines); *Causticum* (sous le nez).

– Anus : *Natrum sulfuricum*; *Nitri acidum*; *Sabina*.

– Région génitale : *Sabina* (grosses lèvres); *Staphisagria* (très sensibles); *Berberis* (périnée); *Cinnabaris* (verrues d'un rouge éclatant).

– Main et doigts : *Anacardium*; *Antimonium crudum*; *Causticum* (sous les ongles); *Dulcamara*.

– Poignet : *Ferrum magneticum*.

– Orteil : *Spigelia*.

• Selon leurs caractéristiques, on donnera :

– Charnues : *Calcarea carbonica; Causticum; Dulcamara.*

– Cornées : *Antimonium crudum.*

– Dures : *Antimonium crudum; Causticum; Silicea.*

– Pédonculées : *Causticum; Nitri acidum.*

– Douloureuses : *Causticum; Nitri acidum.*

– Planes : *Dulcamara.*

– Saignantes : *Causticum; Thuya.*

– Petites, pointues, pédonculées : *Medorrhinum* (souvent origine gonococcique).

LES BRÛLURES.

En dehors du traitement local (*Calendula* T.M. – 20 gouttes dans un verre d'eau bouillie puis refroidie, en compresses – et applications de pommade *Homéoplasmine*), on prescrira selon l'apparence de la brûlure :

1) Brûlure simple sans vésicules : *Apis* 4 CH (1 tube); *Cantharis* 4 CH (1 tube); *Arnica* 4 CH (1 tube); *Urtica Ureus* 4 CH (1 tube) – 3 granules de chaque très fréquemment.

2) Brûlure avec « cloques » : *Rhus tox* 4 CH ; *Echinacea* 4 CH.

Ne pas oublier *Pyrogenium* en dose (9 CH) pour éviter l'infection.

Pour une cicatrisation définitive et rapide, donner l'organothérapie *Peau* (ou *Tégument* 5 CH) – 2 granules matin et soir.

LE PANARIS.

Il est très important de traiter énergiquement et précocement tout panaris, aussi simple soit-il. Les complications sont toujours possibles, mettant en jeu l'intégrité du doigt ou du membre et la vie même du malade.

Ce peut être un vulgaire mal blanc, c'est-à-dire la formation d'une phlyctène contenant un liquide plus ou moins purulent, ou bien une « tourniole », si l'inflammation a tendance à gagner circulairement l'épiderme du doigt.

De toute façon, il y a trop de risques à vouloir soigner soi-même un panaris quel qu'il soit. Le médecin sera seul juge d'un acte chirurgical.

- Donner d'urgence : *Pyrogenium* 9 CH – 1 dose –, suivie une heure après de 4 ou 5 granules d'*Hepar sulfur* 5 CH, et 4 ou 5 ampoules par jour de *Cuivre* (*Oligosol*).
- Poursuivre avec : *Apis* 4 CH (doigt rouge gonflé, douleurs piquantes comme par des aiguilles rougies au feu, aggravées par la chaleur); *Myristica sebifera* 3 CH ou 4 CH et *Gun powder* (la poudre à canon) 4 CH.

Myristica sebifera est un remède merveilleux. C'est un

spécifique du panaris et des affections phlegmoneuses. Il facilite l'ouverture de l'abcès et le drainage du pus.

• Le panaris s'est ouvert spontanément ou incisé, donner : *Calcarea sulfurica* 4 CH plusieurs fois par jour pour faciliter l'écoulement du pus. Pour vider le panaris le plus rapidement possible, appliquer de l'*Onguent KLC* ou une pommade de *Cyrtopodium T.M.*

La fatigue physique et psychique

La fatigue, quelle qu'elle soit, physique ou mentale, pose actuellement des problèmes quasi quotidiens.

« Docteur, je suis fatigué, je suis déprimé. »

En dehors des traumatismes physiques, des accidents corporels qui ont lésé les muscles, les articulations, ou provoqué des blessures, des fractures, et par là même des commotions cérébrales et médullaires, nous devons examiner la traumatologie psychique. Elle est la conséquence du rythme trépidant de notre vie actuelle, riche en difficultés croissantes, avec mille incidences de tous ordres, en même temps que se greffe toute une morbidité héréditaire, aggravée le plus souvent par une thérapeutique agressive et désordonnée.

Nous pouvons garantir à nos patients abreuvés de calmants et de tranquillisants une thérapeutique rééquilibrante, rapide, non toxique.

Après un choc moral, quels symptômes dominent la situation?

Le malade accuse une fatigabilité psychique intense, il perd la mémoire, n'a plus envie de rien, ne peut fixer son attention ni associer deux idées.

Il n'a plus confiance en lui. Il est sujet à des peurs irraisonnées, il dort mal, il a des cauchemars. Il est hypersensible, sursaute au moindre bruit. En général, il reste inerte, muet. Les tranquillisants n'ont que voilé une partie du problème, problème qui reste entier.

• Tout d'abord, après un choc, quel qu'il soit, nous avons deux remèdes souverains : *Arnica* 9 CH, *Ignatia* 9 CH.

On peut les associer, que le traumatisme soit physique ou psychique. En doses, ils peuvent être le point de départ d'une thérapeutique efficace.

1) L'épuisement est profond. Le malade est prostré, comme s'il avait reçu un choc ou subi un gros traumatisme. Il est inerte, immobile, refuse qu'on s'occupe de lui et veut rester seul. Les moindres conversations le dépriment et aggravent son malaise. Donner *Arnica*.

2) Plus choqué psychiquement que physiquement, le sujet présente des signes nerveux. Il soupire, bâille, pleure ; il souffre de la tête comme si on lui avait enfoncé un clou. Il sent comme une boule au milieu de l'estomac qui remonte dans la gorge et l'étouffe. Il ne peut pas dormir ; il rumine sans cesse son chagrin et rien ne peut le distraire. Dans ce cas, *Ignatia*.

• Donc, il sera utile de prescrire dans tout état de choc physique ou psychique, tout d'abord *Ignatia* et *Arnica* en doses, suivis de la prise quotidienne, à jeun, d'une mesure, en perlinguale, de *Cuivre-Or-Argent-Oligosol*.

Ces oligo-éléments vont agir par leur seule présence et aideront à assimiler les autres remèdes.

Notons cependant qu'au fur et à mesure de l'amélioration, il faudra espacer la prise de ce produit tous les deux ou trois jours.

• En outre, nous aurons le choix entre :
Phosphoric acid,
Gelsemium,
et *Lachesis*.

1) Le malade est totalement indifférent, ne pense même plus. Il a tout oublié, même les faits les plus récents.

Il reste immobile, inconscient, comme frappé de stupeur. Les chagrins et les excès sexuels le dépriment profondément : *Phosphoric acid.*

2) Le malade est tremblant, il a peur de tout, peur des autres, peur de dormir. Il se plaint de la nuque et paraît hébété : *Gelsemium.*

3) Le malade présente des phases d'excitation et de dépression. Le plus souvent, il est agité, volubile, parle sans raison. Il soupire, il étouffe, ne peut rien supporter autour du cou. S'il s'endort, au bout de quelques heures il se réveille, victime de terribles cauchemars. Conseiller *Lachesis*, un remède efficace pour les suites d'un chagrin profond, d'un choc sentimental. C'est le remède des amours déçues.

Ces troubles dépressifs se manifestent surtout chez les sujets tuberculiniques, hypersensibles, émotifs, irritables, et souvent vindicatifs.

Ces malades ont probablement eu des arrière-grands-parents tuberculeux. Le virus tuberculinique s'est propagé de génération en génération, et, sans donner de turberculose, a lésé les centres nerveux.

Le BCG, les antibiotiques, ont fait disparaître en grande partie les accidents graves que l'on voyait au début du siècle.

• C'est dire qu'une turberculine sera efficace pour parfaire la guérison. Mais une tuberculine diluée, qui est un *Biothérapique tuberculinum*, ne doit pas être donnée en début de traitement. Autrement, ce serait aller au-devant de réactions irréversibles. Cette tuberculine doit être précédée de : *Natrum muriaticum.*

Ce remède convient aux sujets affaiblis, anémiques ou déminéralisés. Ils sont amaigris, malgré une bonne alimentation et un gros appétit. Ce sont des malades très agités, mobiles, bougeant sans cesse, sursautant et en proie à des palpitations à chaque bruit inattendu. Le besoin de reminéralisation se manifeste par un désir excessif de sel, d'aliments salés, d'huîtres, de poissons, et une aversion pour les aliments gras.

Les enfants justiciables de ce remède mangent du sel à pleine bouche.

• Si le sujet se montre totalement incapable de fournir le moindre travail, il sera utile d'adjoindre *Cocculus*, qui correspond à un véritable ralentissement de la vie de relation. Le sujet est engourdi et ne répond pas aux questions qu'on lui pose, ou seulement après un long moment de réflexion.

Cocculus – la coque de Levant employée comme appât par les pêcheurs du Moyen-Orient pour engourdir et paralyser le poisson – permet la reprise du travail. L'étudiant déminéralisé verra vite s'accroître ses possibilités intellectuelles.

• Si le sujet est amaigri, pâle, débilité, frileux, on pourra toujours associer *Silicea*, remède des malades osseux, déminéralisés, qu'on envoyait autrefois à Berck au contact des grandes plages sablonneuses, ventées à l'extrême, qui apportaient à l'organisme, outre le sel et l'iode, la silice indispensable.

• Certains enfants ont peur : peur de la solitude, peur du crépuscule, peur de l'orage. Cet état morbide s'accroît chez ceux qui fréquentent les piscines. C'est d'ailleurs un but louable quand il s'agit de favoriser leur développement musculaire, mais combien toxique par ailleurs, car, lorsque l'enfant regagne son domicile, il reste excité, irritable, et se plaint de maux de tête. Il a des palpitations et s'endort difficilement. En effet, dans l'atmosphère électrique d'une piscine fermée, surchargée d'ions positifs, il n'a pas pu se décharger de cette pollution électrique. De plus, nageant et accomplissant des efforts, il augmente sa charge électrique statique. Cette électricité sera encore accrue par le port de vêtements synthétiques et par le séjour dans ces cages de Faraday que sont la plupart des habitations modernes en béton.

Le traitement est très facile : *Gelsemium* 5 CH, 2 granules de demi-heure en demi-heure, au sortir de la piscine; et une grande douche d'eau tiède, progressivement refroidie, suivie d'aspersions prolongées le long de la nuque, de la colonne vertébrale, des mains et des pieds.

Remarquons la richesse de nos possibilités thérapeutiques et des prescriptions correspondant à chaque cas particulier.

• Le sujet est irritable, dégoûté de la vie. Il parle de se suicider. Il est emporté, violent, ne peut supporter la moindre contradiction. Il a des troubles circulatoires. C'est un hypertendu, atteint d'artérite ou d'affection cardiaque, il aura besoin de *Aurum* (l'or), remède des sujets luétiques, suivi de *Luesinum* 9 CH.

• Le sujet, le plus souvent une femme, est triste, abattu, apathique. Tout lui est indifférent. Il désire être seul, mais cette solitude cependant lui fait peur. Le bruit, la musique aggravent sa mélancolie; aucune consolation n'est possible.

Pour ce sujet mélancolique donc, psorique ou tuberculinique, utiliser *Sepia* (sécrétion noire de la seiche qui s'isole pour échapper à toute aggression).

• Le malade est troublé moralement à la suite d'un chagrin refoulé. Il se croit persécuté et, excessivement scrupuleux, s'accuse de mauvaises actions. Donner *Cyclamen.*

• Le sujet se croit damné, en proie à une mélancolie religieuse. C'est le cas de jeunes filles hystériques : *Lilium tigrinum.*

• Le sujet est de mauvaise humeur. Irritable, il ne peut supporter le bruit, la lumière ni les odeurs. Il pleure en écoutant de la musique. Affaibli intellectuellement, il cherche ses mots, parle tout seul. Il se fabrique des idées fixes, il croit avoir un animal vivant dans le ventre, il le sent remuer. Il s'imagine que des inconnus le dévisagent et lui veulent du mal.

S'il vient de quitter son domicile, il pense qu'il a oublié de fermer le tiroir, le robinet du gaz et remonte chez lui pour s'en assurer.

Un de nos malades, après avoir mis une lettre à la poste, se posait chaque fois la question : « Ai-je bien mis un timbre sur l'enveloppe? » et n'était tranquille qu'après avoir fait rechercher la lettre par le service des P.T.T.! Il guérit avec *Thuya*.

En effet, en dehors des remèdes tuberculiniques, psoriques et luétiques, nous avons parmi les médicaments sycotiques celui dont l'emploi est le plus généralement indiqué. Il couvre la totalité des symptômes physiques et psychiques. Ce remède est *Thuya*, le roi de la sycose.

Ces malades sont toujours inquiets : on pourra toujours adjoindre *Ignatia* aux doses de *Thuya*.

• Si le sujet est âgé, s'il a tendance à se perdre, à tout oublier, donner *Baryta carbonica, Kali phosphoricum, Anacardium*. Ces trois remèdes peuvent être prescrits en alternant avec *Thuya*, une dose par semaine.

• Enfin, n'oublions jamais *Gelsemium*, le gros remède du trac des orateurs, des chanteurs, des candidats en particulier aux examens du permis de conduire, qui ont toujours peur de mal faire.

Il est classique de donner *Gelsemium* en 5 CH, 3 granules matin et soir, une dizaine de jours avant l'examen. Une dose de 9 CH la veille au soir, et une dose le matin de l'examen.

L'INSOMNIE.

La médecine officielle ne peut que nous offrir des hypnotiques, d'une efficacité réelle mais souvent très toxiques.

Il est facile de répondre qu'il y a accoutumance. La dépendance à l'égard du remède peut entraîner des désordres graves, une intoxication chronique avec grand déséquilibre nerveux, se révélant par des signes de dépression, avec épuisement au moindre effort physique ou mental. Ces troubles sont souvent irréversibles.

Pour un patient décidé à se « désintoxiquer », voici un type de traitement facile, efficace et toujours éprouvé utilement.

Il importe de ne pas sevrer le malade radicalement.

• On doit s'en tenir au même remède, en diminuant progressivement les doses pendant huit à dix jours, jusqu'à l'arrêt total. Prendre en même temps : tous les quatre ou cinq jours 1 dose au réveil ou au coucher de *Scutellaria* 9 CH (l'herbe judaïque) ; et tous les jours le même remède en 5 CH : 2 ou 3 granules vers 10 heures et vers 16 heures.

C'est un remède actif, fidèle, auquel on peut se fier.

Il peut être indiqué chez tous les malades pour abréger leur convalescence après une infection quelconque.

• On donne ensuite : *Natrum carbonicum* 5 CH – 3 granules au réveil et au coucher –, puis en fin de désintoxication quelques doses de : *Natrum muriaticum* 9 CH , tous les quatre ou cinq jours.

Il reste à choisir alors la formule la plus efficace pour tâcher de retrouver un sommeil naturel et réparateur.

Il n'existe pas, à part *Coffea*, de remède homéopathique ordonné en application de la loi de similitude. Tout ce que le médecin homéopathe peut vous prescrire n'est qu'une approche qui sera valable pour résoudre ensuite les grands processus morbides communs à toutes les causes pathologiques.

Tous ces remèdes sont efficaces ; il faut savoir choisir.

• L'insomnie des personnes qui se sont privées de sommeil volontairement pour une cause quelconque est justiciable d'*Hypothalamus* 9 CH – 1 dose par semaine.

On peut ajouter, selon les indications du Dr. Nebel : *Nykterinia* 4 CH (1 tube) et *Nykterinia* 7 CH (1 tube) – 2 ou 3 granules de chaque, ensemble, une heure avant le coucher.

• Les enfants qui ne peuvent s'endormir et ne cessent de jouer dans leur lit seront améliorés par : *Cypripedium* 7 CH (1 tube de granules) – 2 granules au coucher, à renouveler en cas de besoin.

La gemmothérapie (traitement par les bourgeons) peut être utile :

– *Tilia tomentosa* (bougeons), macérat glycériné D_1 – 20 gouttes avant le repas du soir – ou

– *Escholtzia californica T.M.* (Teinture Mère) – 30 gouttes au coucher.

Ne pas oublier *Aluminium* (Oligo-élément) à prendre à 18 heures, sauf si la nuit précédente a été acceptable. A signaler à titre d'appoint : *Passiflora composé* – 20 gouttes au coucher ou un suppositoire de *Sédatif P.C.*

Nous ne pouvons pas passer sous silence l'utilisation en Chine de la *Marcassite*, pierre qui emmagasine une puissante énergie magnétique, surnommée pierre du sommeil. Impossible à employer sous une forme homéopathique, c'est-à-dire dynamisée, ses effets se révèlent quand même excellents si on la fait rouler sous la plante des pieds ou si on la pétrit avec la main.

LES RÊVES.

Le rêve est très souvent le reflet du tempérament de chacun. Il est intéressant d'interroger son patient sur les rêves qui peuplent ses nuits, ce qui peut permettre de faire un choix rapide et très souvent heureux.

Quelques rêves sont assez caractéristiques. Quand ils deviennent obsessionnels, des remèdes spécifiques leur correspondent :

Les rêves
- d'animaux : *Arnica* ;
- d'argent : *Cyclamen* ;
- de chats : *Pulsatilla* ;
- de chiens : *Arnica – Sulfur* ;
- de chute : *Belladonna – Thuya* ;
- de chute dans un abîme : *Lachesis – Chamomilla* ;
- de chute dans l'eau : *Ammonium muriaticum – Ferrum metallicum* ;
- d'eau : *Ammonium muriaticum* ;
- d'incendies : *Phosphorus – Magnesia carbonica* ;
- de serpents : *Argentum nitricum – Lac caninum – Lachesis* ;

– de voyage : *Kali nitricum* ;
– de voleurs : *Alumina* – *Magnesia carbonica* – *Natrum muriaticum* ;
– de voler dans les airs : *Helleborus* – *Apis* ;
– d'accidents : *Arsenicum* – *Graphites* ;
– d'amour : *Staphysagria* – *Phosphoric acid* – *Lilium tigrinum* – *Platina* ;
– d'amour, avant les règles : *Calcarea carbonica* – *Kali carbonicum* ;
– d'assassinat : *Lachesis* – *Sulfur* – *Arnica* ;
– de maladies : *Nux vomica* ;
– de malheurs : *Thuya.*

LA SPASMOPHILIE.

Affection de plus en plus fréquente, caractérisée par une hyperexcitabilité neuro-musculaire, hyperémotivité, anxiété, dystonies neuro-végétatives, grande asthénie.

Elle peut être jugulée facilement par un traitement bien conduit.

Tout d'abord les grands remèdes de base : *Cuprum* – *Zincum* (*Zincum valerianicum*) – *Actea racemosa* – donnés en 9 CH tous les dix jours en alternant.

Associer *Gelsemium* et *Ignatia* en 5 CH tous les jours en alternant.

En outre, deux bonnes formules (Rudolf Steiner) sont à conseiller :

– un jour : *Agaricus muscarius* D4 ;
Datura D3 ;
Mygale D5
} aa qsp. 1 flacon 30

10 gouttes de chaque avant les deux principaux repas ;
– le lendemain : *Cuprum aceticum* D4 ; *Zincum valerianicum* D4 – même posologie.

Associer *Parathyroidinum* en granules de 9 CH – 2 ou 3 granules tous les jours –, *Hypothalamus* 9 CH – 1 dose tous les quatre à cinq jours –, *Phosphore* (*Oligosol*) – 1 ampoule tous les jours au réveil.

LES VERTIGES.

L'étude des vertiges ne peut être séparée de celle des céphalées et des migraines. On peut les classer facilement d'après leur origine – digestive, circulatoire ou nerveuse – et proposer un remède en fonction du diagnostic.

• Penser d'abord aux remèdes des trois C : *Conium – Cyclamen – Cocculus*. Dans de fort nombreux cas, l'un de ces trois remèdes se trouvera indiqué avantageusement :

– *Conium* : vertige en position couchée, grande faiblesse musculaire avec tremblement, engourdissement.

– *Cyclamen* : vertige toujours aggravé à la marche et amélioré dans une chambre chaude.

– *Cocculus* : vertige avec nausées en voiture.

• Si les troubles digestifs prédominent, penser à : *Bryonia* en 4 CH.

• Les troubles circulatoires seront justiciables de : *Aconit* 4 CH ; *Glonoine* 4 CH.

• Les vertiges des vieillards seront calmés par des doses de *Phosphorus* 9 CH toutes les semaines.

Si les vertiges s'accompagnent de pâleur de la face, de sueurs froides, s'ils sont aggravés en ouvrant les yeux et s'ils sont calmés au grand air, ne jamais manquer d'adjoindre à ces remèdes *Tabacum* en 5 CH ou en 7 CH – en dose – (se rappeler les vertiges nauséeux de la première cigarette).

• Le duo du mal de mer sera : *Cocculus – Tabacum*. Le premier reste couché dans sa cabine et le second reste sur le pont, en plein air à l'air frais. On peut ajouter utilement : *Petroleum* qui, au contraire de *Tabacum*, reste toujours amélioré par la chaleur.

• Le vertige de ménière; s'il n'y a pas de cause locale décelable, si l'examen de l'oto-rhino est négatif, essayer : *Theridion* en 4 CH ou 5 CH . C'est une araignée originaire des Indes, incapable de supporter le plus petit bruit.

Ajouter : *Cupressus* 5 CH et *Aurum* 5 CH – alternés un jour l'un, un jour l'autre.

On pourra adjoindre au traitement des suppositoires d'organothérapie :

Oreille moyenne 7 CH – } aa X gouttes
Oreille interne 7 CH – }
Excipient qsp. 1 suppositoire trois fois par semaine.

LA FATIGUE MUSCULAIRE.

Arnica est le remède maître. Il répond à toute la pathologie musculaire, vasculaire, vasomotrice de l'individu qui a subi un traumatisme, depuis le léger choc jusqu'à la grande contusion.

En doses, il prévient toutes les suites fâcheuses d'un accident : douleurs, ecchymoses, possibilités d'infection. C'est en outre un remède toujours utile en prévision d'une fatigue possible : un voyage en chemin de fer, cinq cents kilomètres de route, une sortie intempestive. Aussi est-il bon de garder une dose d'*Arnica* dans la boîte à gants de la voiture.

En cas de choc, même léger, il guérira les douleurs dues à des meurtrissures, et la fatigue insurmontable consécutive à un traumatisme.

Un jeune client, coureur cycliste, faisait le Tour de France. Opposé au « doping » il était toujours soigné à l'homéopathie et prenait tous les matins avant le départ une dose d'*Arnica* 9 CH . Quand la route était longue et difficile, ou quand la montée d'un col s'avérait laborieuse, il s'administrait une deuxième dose.

Il finit la course sans gros efforts, d'une façon intelligente et dans un rang excellent.

D'autres sportifs me furent très reconnaissants de leur avor proposé *Arnica* au cours de leurs compétitions respectives : natation, escrime, tennis.

• En cas d'accident, s'il y a plaie : *Calendula* (le souci) se substituera à *Arnica*.

Calendula sera un agent remarquable de cicatrisation, en cas de plaie traumatique ouverte, brûlures, déchirures musculaires ou ligamentaires.

Le Dr Chavanon prescrivait à l'occasion d'un hématome dû à un traumatisme des compresses de *Calendula* (Teinture Mère) en remplacement de l'*Arnica* : « Lorsqu'on met immédiatement un morceau de coton imbibé de teinture de *Calendula* sur le front d'un enfant qui vient de tomber, même très violemment, la douleur disparaît immédiatement et non seulement il n'y a jamais de bosse, mais il n'y a pas non plus de coloration des téguments le lendemain, ni les jours suivants. (Même utilisation en chirurgie, entorses, contusions.) »

• Si le malade souffre exagérément, surtout après un effort, une compétition sportive, *Sarcolactic acid* en 4 CH sera un remède fort efficace.

• Les traumatismes du sein, les traumatismes oculaires, les séquelles d'intervention chirurgicale dans la région abdomino-pelvienne, ainsi que toutes autres douleurs post-opératoires, les entorses, les luxations seront rapidement soulagés par *Bellis Perennis* (pâquerette). Chacun sait que lorsque l'on foule du pied une petite pâquerette, celle-ci ne reste pas couchée, elle se redresse vivement, comme mue par un puissant élan vital.

Il faut le prescrire en 4 CH, renouvelé très fréquemment. On peut y ajouter *Symphytum*.

Ce dernier soigne les traumatismes du globe oculaire par coup de poing ou objet n'ayant pas abîmé la peau. Il guérit également les traumatismes osseux avec extrême sensibilité au contact (fractures) et rougeur vive de la peau.

Symphytum consolide rapidement toutes les fractures, associé à *Osseinum* 3 CH, 10 gouttes, deux fois par jour.

• La psychose émotionnelle post-traumatique traduit l'état de déséquilibre provoqué par l'altération directe des cellules cérébrales ou par la simple émotion-choc.

Tous les cas sont justiciables d'*Arnica*.

Après un choc traumatique violent au niveau de la boîte crânienne, ayant entraîné une perte de connaissance et même un coma, le malade ressent – souvent longtemps après – des douleurs de tête, des troubles oculaires, des douleurs qui persistent dans les membres, toujours aggravées par le froid, l'humidité, des phénomènes à type de colite.

• On ne compte plus les malades rhumatisants, colitiques, qui oublient d'attribuer leurs troubles chroniques à un traumatisme crânien. Ici, un remède s'impose : *Natrum sulfuricum*, toujours épaulé par *Arnica*, s'il y a des douleurs, ou *China* s'il y a des troubles intestinaux.

Le traumatisme chirurgical réclame également un traitement homéopathique préventif et curatif.

• Après le choc opératoire, il est nécessaire de prescrire : *Camphora* en 1re décimale, 3 gouttes tous les quarts d'heure, surtout s'il y a refroidissement et hypotension.

On peut ajouter si nécessaire : *Veratum viride* 3e décimale, 3 gouttes, alterné avec le remède précédent.

• Les douleurs post-opératoires seront guéries par : *Hypericum* (millepertuis).

Signalons les heureux effets d'un traitement homéopathique lors de l'extraction d'une dent de sagesse.

• Prendre, la veille, une dose de : *Arnica* 9 CH pour le traumatisme physique.

• Le matin de l'extraction : *Pyrogenium* 9 CH pour prévenir une éventuelle infection.

• Une heure après l'extraction, une dose de : *Hypericum* pour calmer les douleurs.

Ensuite, pendant une semaine, 3 granules de : *Plantago* 4 CH (le plantain) au réveil, et 3 granules au coucher de : *Cheiranthus* (le girofle) en 4 CH.

Lavage de bouche avec 10 à 15 gouttes dans un verre d'eau bouillie tiède de *Calendula T.M.* (Teinture Mère).

L'obésité

L'obésité n'est pas une maladie au vrai sens du mot, mais un état, un trouble de la nutrition. Elle est à la fois l'aboutissement et la cause de multiples désordres.

L'obésité affecte surtout les adultes de 40 à 50 ans, exceptionnellement des jeunes gens et des enfants.

L'origine de l'obésité :
– la sédentarité,
– la suralimentation,
– les troubles endocriniens,
laisse déjà prévoir les grandes lignes de la thérapeutique.

• Le sujet présente une langue blanche, il souffre de gloutonnerie, vomissements faciles, maux de tête, alternance de constipation et de diarrhée, son caractère est difficile, acariâtre, chagrin.

Les enfants ne peuvent supporter qu'on les regarde ni qu'on les touche. Le malade est sujet aux éruptions (impétigo, acné, eczéma, prurit) et aux épaississements cornés, surtout à la plante des pieds.

Le surmenage hépato-pancréatique nécessitera l'indication de *Antimonium crudum* prescrit en 9 CH, une dose, ou en 5 CH (granules), les remèdes d'appoint restant également valables.

• Le sujet est gonflé, pâle, bouffi, épuisé, endolori, toujours plus mal la nuit. Il a besoin de remuer, bien que le mouvement augmente ses malaises. Son état est aggravé par le froid humide, mais est cependant amélioré par le bain froid. Ce qui indiquera *Phytolacca.*

Prescrit en 1re décimale, pendant longtemps, il sera un excellent traitement de toutes les surcharges pondérales.

• Autre remède d'appoint : *Fucus vesiculosus,* remède iodé rappelant les préparations allopathiques telles que la *Thyroïdine* et l'*Iodothyrine.* On le prescrit également en 1re décimale.

• Sudation abondante, muscles durs, raides, douloureux : *Calotropis gigantea* en 1re décimale.

• Chez les obèses dyspeptiques : *Tussilago fragans* (héliotrope d'hiver) en 1re décimale.

• Donner également, comme remède d'appoint, *Trigonella foenum graecum* (fénu grec), employé en Afrique du Nord, où les femmes sont estimées au poids. Ce produit doit être donné en hautes dilutions, 9 CH, 12 CH, 15 CH, toutes les deux semaines environ.

• Avec *Antimonium crudum* nous avons un grand remède très efficace.

• Pour des sujets indolents, à tissus mous, redoutant tout effort, craignant le moindre courant d'air, ce sont des obèses sédentaires, détestant les sports, et le plus souvent alcooliques. Ils ont des digestions lentes, difficiles, des douleurs brûlantes. Ils recherchent des condiments excitants, notamment des piments. Ils ont un visage rouge floride et un caractère très spécial. Conseiller *Capsicum* (poivre des Indes), un remède du « mal du pays » des sujets nostalgiques et mélancoliques. Il peut être joint à *Antimonium crudum* en doses 9 CH ou en 5 CH.

Tous ces remèdes d'obésité de gros mangeurs sédentaires, en rapport avec les mauvaises conditions d'alimentation et d'hygiène, rappellent les grands symptômes de la *Psore.*

LES REMÈDES PSORIQUES DE L'OBÉSITÉ.

• Le sujet a des faims canines, notamment la nuit, il se lève pour manger du sucre. Il accuse un vide d'estomac avec faiblesse générale vers 11 heures du matin. Il est sujet aux bouffées congestives, il a toujours trop chaud, se plaint de maux de tête ; le malade se montre souvent nerveux, impatient, velléitaire, détestant les conseils. Sujet carbonique redevable de *Sulfur* en doses en 9 CH, une fois par semaine.

• Sujets gras à charpente grossière, timides, tristes, frileux, indolents.

Ce sont souvent des femmes constipées, à règles tardives, de sang pâle, sujettes aux éruptions croûteuses, laissant suinter un liquide épais, dégageant une mauvaise odeur acidulée : prescrire *Graphites* (mine de plomb), remède destiné à un sujet de constitution carbonique, il précédera les deux remèdes importants propres à cette constitution : *Calcarea carbonica* et *Natrum carbonicum*.

• Les deux remèdes ci-dessus correspondent à un terrain propice au développement de l'obésité.

1) *Calcarea carbonica* pour un sujet très gras, avec une peau blanche, crayeuse, froide, malsaine ; malade fatigué et fatigable.

2) *Natrum carbonicum* pour un sujet à la faim vorace, gloutonne. Il a souvent soif, surtout entre les repas, ce qui contribue à favoriser l'apparition de l'obésité. Le soulagement en mangeant va encore accélérer cette tendance. C'est d'ailleurs un vieux dyspeptique, aux aigreurs et aux éructations faciles, rhumatisant, mélancolique, peu enclin au travail mental, déprimé intellectuellement, ayant de grandes difficultés à se concentrer.

Le malade est toujours épuisé par le temps chaud et le soleil. Il transpire facilement.

Il est fatigué mais a besoin de bouger, de sortir, de marcher. Mais il se tord facilement les chevilles.

Il convient maintenant d'envisager les remèdes adaptés aux autres tempéraments.

LES REMÈDES DE L'OBÉSITÉ TUBERCULINIQUE.

• Pour des femmes blondes, timides, lentes, ayant des règles peu abondantes, avec une tendance à grossir : *Pulsatilla*.

• Pour des sujets plus bouffis que gras, fatigués intellectuellement, distraits et cependant très irritables, de mauvaise humeur, querelleurs. Le malade est très frileux, mais transpire souvent en abondance. Il accuse une grande faiblesse douloureuse du dos et éprouve toujours le besoin impérieux de s'allonger.

Signe particulier : un gonflement de l'angle interne de la paupière supérieure.

On peut prescrire *Kali carbonicum* en 5 CH, matin et soir, alterné avec *Pulsatilla* également en 5 CH.

LES REMÈDES SYCOTIQUES DE L'OBÉSITÉ.

L'obésité est ici fonction d'un excès liquidien tissulaire. Les tissus sont infiltrés, les membres inférieurs œdématiés.

• Deux remèdes principaux : *Natrum sulfuricum* et *Thuya*, à donner en 9 CH, en doses, de préférence en période de décroissance lunaire. Le remède sera à prescrire après une pleine lune, les éliminations étant facilitées à cette période.

Ces deux remèdes concernent des selles liquides, diarrhéiques, des transpirations abondantes, signant le besoin qu'a l'organisme de lutter contre la rétention d'eau.

Les troubles sont aggravés par le froid humide, le brouillard et l'humidité. Ce sont des sujets à qui l'on doit interdire de boire. On prescrira un demi-verre de *Vittel grande source* le matin, à jeun, à prendre par petites gorgées, de façon à imprégner lentement les muqueuses. Cette prescription sera encore plus bénéfique si on consomme l'eau légèrement tiédie, avec 10 gouttes de *Berberis* 3 X.

La gérontologie

Il peut paraître présomptueux de parler d'un traitement homéopathique de la vieillesse. Cependant, si un certain nombre d'individus parviennent au terme de leur existence sans aucune aide médicale, grâce sans doute à une excellente constitution, beaucoup se préservent de toutes les misères qui assombrissent la vie de la grande majorité des gens par un traitement homéopathique bien conduit. Il est évident qu'une thérapeutique préventive doit être appliquée dès l'âge mûr, sans attendre les accidents irréversibles.

Déjà aux premiers jours de sa vie, le jeune enfant bénéficiera du traitement eugénique prescrit à la jeune maman. Plus tard, l'homéopathie aura raison de tous les accidents possibles, apportera une plus grande sécurité dans la lutte contre la souffrance et favorisera un épanouissement idéal.

La mémoire fait très souvent défaut aux personnes âgées. C'est d'ailleurs le premier signe du vieillissement de tout individu. On oublie les noms propres, en particulier les noms de personnes très connues et qui nous sont chères. C'est une alerte qui doit imposer une thérapeutique immédiate.

Deux remèdes importants : *Anacardium* 9 CH et *Baryta carbonica* 9 CH – 1 dose par semaine, en alternant, une fois l'un, une fois l'autre.

On peut ajouter une trituration en D_3 de *Kali phosphoricum* – 1 mesure avant chaque repas, midi et soir.

Ne pas oublier qu'il ne faut en aucun cas laisser son cerveau inactif; rester passif des heures entières devant un écran de télévision ne peut qu'être néfaste. S'astreindre à lire, à apprendre des vers, à apprendre une langue étrangère, tout cela entretient les capacités intellectuelles et retarde le vieillissement.

Ne pas accuser l'âge à l'occasion du moindre bobo. Après une maladie infectieuse, le malade reste en proie à l'action des toxines élaborées par les microbes. Les antibiotiques détruisent les agents pathogènes, mais ils bouleversent différentes fonctions en créant des désordres difficiles à maîtriser. L'action des antibiotiques reste limitée et nullement immunisante.

Par ailleurs, tous les phénomènes d'hyperoxydation, comme ceux produits par les radiations ionisantes, la cuisson des viandes, le bronzage excessif et mal conduit, favorisent la production de « radicaux libres ». L'oxygène devient alors source de destruction. La peroxydation touche le cytoplasme, la membrane et le noyau cellulaire. Ce sont des altérations irrémédiables qui sont à l'origine du vieillissement et de la mort cellulaire.

La phytothérapie, et par là même l'homéopathie, sont en mesure de lutter au moyen de structures antioxydantes; ce sont des flavonoïdes. Les plantes contiennent de nombreuses substances actives capables de nous protéger contre l'action des radicaux libres.

Il en résulte toute une thérapeutique anti-sénescence que l'on peut résumer par la prise quotidienne de: *Cupressus* 3 CH; *Gingko* 3 CH; *Vitis vinifera* 3 CH; *Carduus marianus* 3 CH – à 10 gouttes deux fois par jour.

L'amaigrissement, la fatigue, le manque de tonus seront jugulés par des apports de suppositoires (2 ou 3 par semaine) de *Tissu conjonctif; Tissu élastique; Cartilage; Ligament* – aa 5 CH.

Le stress fréquent chez les personnes âgées sera justiciable d'*Hypothalamus* 9 CH, 2 ou 3 doses suppositoires par semaine, surtout si le stress s'accompagne de boulimie compensatrice.

Beaucoup de personnes âgées, à la suite de fatigue, s'imaginent avoir pris un « coup de vieux ». Il est alors bon de prendre immédiatement le matin 1 mesure, directement sur la langue, en alternant, de : *Cuivre-Or-Argent (Oligosol)* et *Manganèse-Cobalt (Oligosol)*, qui rétabliront rapidement l'équilibre psychique.

Compléments aux prescriptions homéopathiques

Il n'est pas inutile de dire au lecteur que dans l'établissement d'une ordonnance homéopathique, nous n'excluons en aucun cas – en dehors des remèdes classiques que nous offre la matière médicale – la prescription de produits susceptibles de nous offrir un maximum d'action thérapeutique.

Ces produits sont préparés en fonction de la loi de similitude et présentent l'élément actif en une quantité infinitésimale. Nous pouvons ainsi prescrire :

1°) Des biothérapiques et des nosodes ;
2°) Des isothérapiques ;
3°) De l'organothérapie diluée et dynamisée ;
4°) De l'oligo-métallothérapie ;
5°) De la lithothérapie déchélatrice ;
6°) De la gemmothérapie ;
7°) De la mycothérapie diluée et dynamisée.

LA BIOTHÉRAPIE ET LES NOSODES.

Ce sont des produits qui sont utilisés, à dose atténuée, dans le but de prévenir un état pathologique à partir de la substance même qui a produit cet état.

On appelle nosode un produit dont la souche provient du malade lui-même. Les biothérapiques sont des préparations obtenues à partir de cultures microbiennes, de virus, de sécrétions ou d'excrétions pathologiques.

Malheureusement, en France, de nombreux biothérapiques n'ont pas eu l'autorisation d'être mis sur le marché de la part de la commission des sérums et des vaccins.

Certains sont couramment commercialisés à l'étranger et surtout dans la Communauté européenne (Angleterre, Allemagne, Belgique). Totalement interdits en France, leur efficacité reste pourtant indiscutable.

Il n'est pas inutile de connaître ceux d'entre eux qui peuvent être prescrits et trouvés à l'étranger :

• *Botulinum :* remède efficace du botulisme.

• *Brucella melitensis :* contre la brucellose ou fièvre ondulante.

• *Bacillinum :* obtenu à partir de crochets bacillaires du tuberculeux.

• *Marmorek :* efficace contre la tuberculose. Il peut être prescrit chez un sujet jeune amaigri, fatigué, sans appétit, constipé, se défendant mal.

• *Hydrophobinum* (ou *Lyssin*) : nosode de la rage, obtenu à partir de la salive de chien enragé.

• *Denys* : à prescrire chez un tuberculeux « floride » en bonne santé apparente, mais toujours déprimé (très efficace).

• *Carcinosinum :* prélevé sur des tumeurs cancéreuses ; à ne jamais prescrire à des sujets atteints de néoplasie confirmée, mais qui reste en revanche un excellent remède chez les personnes qui présentent une anxiété par anticipation, comme une inquiétude hors de proportion lorsqu'un être cher tarde à rentrer. *Carcinosinum* est également utilisé chez des sujets très propres, très ordonnés, susceptibles, actifs, coléreux, toujours aggravés dans un lieu fermé, avec recherche du grand air, aggravés également avant l'orage.

Les biothérapiques actuellement commercialisés en France sont d'un emploi courant. Ce sont :

• *Aviaire :* très utile contre l'asthme juvénile.

• *Colibacillinum.*

• *Luesinum* (ou *syphilinum*) : obtenu à partir de sérosités de chancres syphilitiques.

• *Medorrhinum :* à partir de sécrétions urétrales gonococciques.

• *Parathyphoïdinum B :* prévention de la typhoïde et de ses séquelles.

• *Pertussin :* à partir du lysat d'expectoration de coquelucheux.

• *Psorinum :* à partir d'un sillon de gale.

• *Pyrogenium :* obtenu à partir d'un autolysat de viandes pourries (de bœuf et de porc) et de placenta humain.

• *Sérum anticolibacillaire :* dans les colibacilloses.

• *Sérum de Yersin :* utile dans la prévention et le traitement de la grippe.

• *Staphylococcinum :* furoncles, abcès, anthrax.

• *Streptococcinum :* utile contre les infections, les suppurations, les septicémies.

• *Tuberculinum* (T.K.) : tuberculine classique de Koch.

• *Tuberculinum residuum* (T.R.) : à prescrire dans la plupart des accidents dits « arthritiques » d'origine tuberculinique.

• *V.A.B.* (vaccin atténué bilié) : obtenu à partir du B.C.G. ; efficace dans les aggravations provoquées par le vaccin B.C.G.

L'ISOTHÉRAPIE.

On utilise dans ce cas, à dose atténuée, la substance même qui est la cause de l'état pathologique à traiter. Le médicament homéopathique peut provenir de souches très différentes. Il peut s'agir de produits humoraux, de sécrétions, d'excrétions provenant du malade – sang – sérum sanguin – salive – selles – calculs – pus – fragments d'organes.

On peut préparer un isothérapique à partir de microbes prélevés sur le pus d'un abcès ou d'une fistule, également à partir d'un produit « allergisant » : remède plus ou moins bien toléré, aliment toxique ou frelaté, antibiotiques, cortisone, etc.

Il n'est pas contradictoire de prescrire de l'isothérapie, concurremment avec les remèdes homéopathiques indiqués pour chaque cas à traiter.

La dose habituelle – la plus employée – est le 5 CH, deux ou trois fois par vingt-quatre heures.

LES AFFECTIONS JUSTICIABLES DE L'ISOTHÉRAPIE.

Elles sont nombreuses, mais certaines peuvent être dangereuses.

Toutes les suppurations (fistules, furoncles, abcès, anthrax) peuvent être traitées ainsi. Seules les otites suppurées doivent être soignées avec prudence.

Les maladies de peau (eczéma, psoriasis) sont facilement traitées ainsi.

Les productions cornées (verrues), les calculs (biliaires ou urinaires) peuvent être traités avec d'excellents résultats à partir d'une trituration.

Une lithiase rénale peut trouver un réel profit à partir

d'un isopathique urinaire (urine seule sans apport de calcul).

Les sécrétions naso-pharyngées, bronchiques ou pulmonaires trouveront également une thérapeutique efficace.

L'ORGANOTHÉRAPIE DILUÉE ET DYNAMISÉE.

C'est une méthode qui vise à traiter l'organe ou le tissu malade en administrant des organes ou des tissus homologues dilués et dynamisés.

« L'organe agit sur l'organe, l'organe sain dilué et dynamisé agit sur l'organe malade pour en redresser le fonctionnement perturbé » (Dr Quiquandon).

La loi générale qui régit l'application des remèdes d'action organothérapique permet d'utiliser :

1) De très basses dilutions (décimales et 1 CH à 3 CH), excitantes, stimulantes.

2) Des dilutions moyennes (5 CH à 7 CH), régulatrices.

3) De hautes dilutions (9 CH ou plus), freinantes.

Le malade pourra ainsi comprendre la posologie pratiquée par le médecin homéopathe, par exemple :

– Constipation rebelle : *Muqueuse du côlon* 4 CH (dose excitante).

– Hyperfolliculinémie : *Folliculinum* 9 CH et plus (dose freinante).

– Vésicule biliaire douloureuse spasmodique : *Vésicule biliaire* 9 CH (dose freinante).

– Vésicule atone, sans réaction : *Vésicule biliaire* 4 CH (dose excitante).

Le Dr Bergeret et le Dr Tétau ont récemment fait une excellente mise au point de l'organothérapie homéopathique.

Ils ont pu étudier et prescrire :

1) *Cortex cérébral – Diencéphale – Moelle épinière :* pour les troubles nerveux.

2) *Myocarde – Artère – Veine– Poumon :* pour l'appareil cardio-vasculaire.
3) *Foie – Estomac – Côlon – Rein :* pour l'appareil hépato-rénal et digestif.
4) *Muscle – Cartilage – Tissu conjonctif – Tissu élastique :* pour l'appareil de soutien.
5) *Rate – Thymus – Ganglion lymphatique – Moelle osseuse :* pour l'appareil réticulo-endothélial.
6) *Hypophyse – Hypothalamus – Surrénale – Parathyroïde – Prostate – Utérus :* pour l'appareil endocrinien et l'appareil génital.

L'OLIGO-MÉTALLOTHÉRAPIE.

A dire vrai, cette discipline n'a pas de réelle raison d'apparaître dans une étude sur l'homéopathie. Cependant, le but de cet ouvrage étant essentiellement pratique, il est nécessaire de préciser la place que prend actuellement l'oligothérapie, tant dans la médecine allopathique que dans la médecine homéopathique. Les prescriptions d'oligo-éléments deviennent de plus en plus fréquentes, comme moyen supplémentaire de venir en aide au malade.

C'est une médecine dite catalytique, c'est-à-dire qu'elle agit par sa seule présence comme mordant. Tous les oligo-éléments peuvent être administrés par voie perlinguale. Il suffit de conserver une à deux minutes de liquide pur dans la bouche, pour que la totalité du principe actif ait traversé la muqueuse buccale et passe directement dans la circulation sanguine.

Les oligo-éléments les plus souvent prescrits peuvent se présenter schématiquement ainsi :

– *Cuivre-Or-Argent ;*
– *Manganèse ;*
– *Manganèse-Cuivre ;*
– *Manganèse-Cobalt ;*

chacun correspondant à une constitution homéopathique.

Ainsi, *Cuivre-Or-Argent* et *Manganèse-Cuivre* représenteront en similitude homéopathique les états tuberculiniques et pourront être prescrits concurremment avec *Sulfur; Iodatum; Pulsatilla; Arsenicum album; Natrum muriaticum.*

Le *Manganèse* correspond à la psore *(Sulfur-Psorinum).*

Le *Manganèse-Cobalt* concerne un sujet évoluant vers un neuro-arthritisme ou un état de silicose.

LA LITHOTHÉRAPIE DÉCHÉLATRICE.

Voici un nouveau chapitre relatif à la thérapeutique homéopathique. Cette thérapeutique est toute nouvelle et elle a échappé cependant à l'esprit curieux de Hahnemann. « Les pierres sont les manifestations de la lumière et de la vie : couleur, structure, rayonnement, transparence, clarté. Les pierres concentrent en elles les énergies des étoiles et c'est ce qui explique leur pouvoir. » (Pierre Frobert, *Les Pierres et leurs effets thérapeutiques.*)

Les pierres sont d'origines différentes. Certaines proviennent de roches éruptives, d'autres de roches sédimentaires. L'énergie magnétique ainsi séquestrée (chélatée, du grec *khèlè*, qui signifie pince) reste indisponible. Grâce aux travaux de deux savants américains, Drews et Morgan, il est possible de « déchélater » certaines roches dont les éléments sont emprisonnés depuis des milliards d'années. On a pu ainsi préparer trente et un éléments minéraux qu'on a présenté en ampoules buvables ou injectables à la huitième dilution (D_8).

Or, actuellement, nous assistons à des phénomènes de chélation. En effet, de nombreux produits allopathiques ou homéopathiques subissent ce phénomène de chélation. La chélation devient une combinaison entre un ion métallique et deux molécules organiques étrangères qui viennent l'enserrer, créant ainsi un complexe inutilisable par l'organisme.

Les produits chimiques contenus dans les engrais, dans les pesticides, sont des chélateurs au plus haut degré. Beaucoup de remèdes chélatent le cuivre, le zinc, le magnésium. Certains antibiotiques même, comme les tétracyclines, sont à l'origine de ce phénomène de séquestration.

La lithothérapie permet, en apportant l'oligo-élément nécessaire, de « déchélater » l'ion métallique bloqué, celui-ci pouvant ainsi devenir disponible et jouer son rôle actif dans les processus vivants.

Voici une étude simplifiée de cette lithothérapie déchélatrice :

• Appareil circulatoire :
– Sclérose cérébrale : *Azurite.*
– Anémie : *Hématite.*
– Leucopénie : *Monazite.*
– Troubles veineux : *Blende.*

• Appareil cutané :
– Eczéma : *Conglomérat.*
– Verrues : *Monazite.*

• Appareil digestif :
– Aphtes : *Ulexite.*
– Gastrite : *Glauconie* et *Marbre Sacchroïde.*
– Affections du côlon et constipation : *Grès rose.*
– Foie et pancréas : *Bétafite.*

• Appareil génito-urinaire :
– Prostate : *Adulaire.*
– Infections urinaires : *Pyrite de fer.*

• Système nerveux :
– Dépression : *Lépidolite.*
– Spasmophilie : *Diopside.*
– Troubles du système neuro-végétatif : *Tourmaline* (d'un effet puissant et rapide).

• Appareil respiratoire :
– Toux quinteuse : *Trachite.*

– Affections rhinopharyngées : *Ulexite.*
– Bronchites : *Stibine.*

• Appareil articulaire :
– Arthrose : *Feldspath, Apatite* (arthrose lombaire) ; *Obsidienne* (arthrose cervicale) ; *Orpiment* (arthrose de la hanche).
– Ostéoporose : *Calcaire de Versailles.*
– Rhumatisme : *Chalcopyrite aurifère; Azurite; Diopside* (à prescrire pour consolider les fractures).

LA GEMMOTHÉRAPIE.

La gemmothérapie (du latin *gemma* : bourgeon) utilise, à des fins thérapeutiques, des macérations glycérinées en première dilution décimale (1D) d'extraits embryonnaires de végétaux (bourgeons, radicelles, jeunes pousses de croissance. C'est en quelque sorte une phytothérapie rénovée. Nous devons cette thérapeutique relativement récente aux travaux du Dr Pol Henry (de Bruxelles), du Dr Netien (de Lyon) et du Dr Max Tétau (de Paris).

On retiendra les principaux bourgeons suivants (la posologie habituelle sera d'environ 20 à 30 gouttes avant chaque repas midi et soir) :

• Appareil cardio-vasculaire :
– *Crateagus* (aubépine) : tachycardie, séquelles d'infarctus.

• Appareil digestif :
– *Ficus carica :* gastrite, ulcère.
– *Vaccinium vitis idaea* (vigne du Mont Ida) : transit intestinal perturbé (diarrhée ou constipation).
– *Rosmarinus officinalis* (romarin) : excellent cholagogue, action très nette sur la vésicule biliaire.

• Appareil uro-génital :
– *Sequoia gigantea* (séquoia) : prostate et sénescence.
– *Rubus idaeus* (framboisier) : très efficace dans les métrites, vaginites, les règles douloureuses.

• Appareil cutané – allergie :

– *Ribes nigrum* (cassis), associé à *Sève de bouleau* 1D, dans tous les cas.

– *Cedrus libani*, eczéma sec.

– *Ulmus campestris :* eczéma suintant, associé à *Graphites.*

• Troubles de la formule sanguine :

– *Tamaris gallica :* stimule la formation de globules rouges.

– *Vitis vinifera* (vigne) : réduit les lymphocites.

• Appareil nerveux :

– *Betula verrucosa* (bouleau) : tonique nerveux, excellent pour les étudiants en période d'examens.

– *Tilia tomentosa* (tilleul) : excellent tranquillisant.

– *Ficus carica* (figuier) : névrose obsessionnelle, anxiété.

– *Alnus glutinosa* (aulne) : séquelles d'hémorragie cérébrale, améliore la circulation cérébrale.

• Appareil ostéo-articulaire :

– *Ribes nigrum* (cassis) : rhumatismes.

– *Vitis vinefera* (radicelles de vigne) : douleurs rhumatismales des petites articulations.

– *Pinus montana* (pin) : rhumatisme chronique non inflammatoire chez l'adulte – à associer avec *Sève de bouleau* 1D.

– *Ampelopsis weitchii* (vigne vierge) : rhumatisme très douloureux, évolutif, déformant.

– *Fraxinus excelsior* (frêne) : goutte chronique et ses manifestations aiguës.

• Troubles de la circulation veineuse :

– *Aesculus hippocastanum :* hémorroïdes.

– *Sorbus domestica (sorbier) :* jambes lourdes, varices.

• Troubles de la circulation artérielle :

– *Prunus amygdalis* (amandier), associé à *Olea europoea* (olivier) : artérite, arthérosclérose, hypertension.

– *Populus nigra* (peuplier) : artérite du membre inférieur.

Il sera toujours utile d'associer un traitement de drainage général.

– Soit : *Betula pubescens* (bouleau) : sous forme de bourgeons, radicelles, écorce interne de racine – en macérat glycériné D_1.

On pourra ajouter efficacement des chatons de *Betula pubescens* soit à la puberté, soit à la ménopause ou à l'andropause.

– Soit : *Quercus pedonculata* (chêne) : bourgeons, radicelles, écorce interne de racine.

Même remarque concernant les chatons (ici ce sera des chatons de *Quercus pedonculata*).

LA MYCOTHÉRAPIE DILUÉE ET DYNAMISÉE.

C'est l'utilisation dans un but thérapeutique de « moisissures » diluées et dynamisées. Peu employée, elle peut être d'un apport fort efficace associée à la prise des remèdes homéopathiques classiques.

En principe, il s'agit de souches de petits champignons qui, à dose infinitésimale, peuvent avantageusement remplacer la prescription d'antibiotiques. Les plus utilisés sont du genre *Penicillium* ou *Actinomyces.*

Leur activité thérapeutique a été démontrée malgré les doses relativement minimes employées. La mycothérapie a l'avantage d'éviter les inconvénients inhérents à l'utilisation des antibiotiques à dose allopathique. Elle modifie le terrain sans léser la cellule, ce qui n'est pas toujours le cas dans l'antibiothérapie.

Les principaux produits sont indiqués dans le tableau ci-dessous, en même temps que leurs caractères thérapeutiques. Ce tableau réduit est dû à l'étude faite par le Dr vétérinaire Quiquandon. Tous ces produits sont prescrits en 4 CH, plusieurs fois par jour, suivant l'état du malade.

• *Penicillium candidum* (ampoules buvables) : infection générale, grippe, sinusite, otites.

• *Penicillium caseicolum* (comprimés) : appareil digestif, aphtes, colites.

• *Penicillium roseum* (comprimés) : troubles de la vésicule biliaire, ictère, colique hépatique.

• *Penicillium griseum* (comprimés) : grippe, coryza, conjonctivite.

• *Actinomyces citreus* (comprimés) : ulcères gastriques et duodénum.

• *Actinomyces luteus* (Teinture Mère; ampoules buvables) : voies respiratoires, bronchites, congestion pulmonaire.

• *Saccharomyces apiculatus* (comprimés) : néphrite albuminurique, amygdalites, herpès.

Les observations d'un médecin homéopathe

OBSERVATION 1.

Un de nos clients, un homme de lettres, de soixante ans, qui, selon lui, n'avait jamais été malade, présentait cependant un coryza spasmodique depuis de longues années.

Il ne cessait d'éternuer, son nez coulait constamment. Appartenant à l'Académie Goncourt, il ne pouvait plus se produire aux réunions, tellement sa rhinopharyngite le gênait.

Très frileux, c'était le vrai type du sporique qui cherchait une porte de sortie par l'intermédiaire de sa muqueuse nasale.

Un ami qui lui témoignait de l'intérêt lui conseilla d'aller consulter un oto-rhino-laryngologiste, qui l'opéra. Que lui fit-il?

Mon client ne sut pas me le dire. Les éternuements cessèrent, les écoulements disparurent.

Il continua évidemment, après cette opération, à chercher une élimination, toujours dans le domaine respiratoire. Ce fut la plèvre que son organisme choisit. Comme le nez, elle se mit à couler.

Six mois après, fièvre, frissons, points de côté, pleurésie

purulente, nouvelle intervention chirurgicale. Notre malade, opéré déjà depuis longtemps, ne se remit qu'au bout de longues années.

La question reste angoissante, si l'on songe qu'une dose de *Psorinum* bien appliquée aurait eu raison de toutes ses misères.

Psorinum, qui était formellement indiqué et que notre malade ne voulut jamais prendre, est en effet un grand remède. Des alternances morbides surviennent après la suppression d'une éruption, d'un écoulement.

Ce malade présentait une élimination d'origine psorique qu'il fallait respecter au plus haut point, ou du moins minimiser.

OBSERVATION 2.

Une pneumonie grippale, par un hiver rigoureux, guérit en quatre jours avec l'appui de quatre remèdes homéopathiques et sans le secours d'aucun antibiotique.

C'était une femme de soixante-deux ans, très amaigrie, très fatiguée, qui rentra un soir chez elle assaillie par le grand frisson d'une pneumonie.

Nous ne la vîmes que le lendemain. La malade ne croyait avoir qu'une grippe. La fièvre montait au-delà de 40°, le point de côté était évident, la respiration pénible et très douloureuse; bref, tout le tableau classique de la pneumonie, avec un foyer d'auscultation de râles crépitants témoignant de l'atteinte pulmonaire du lobe moyen droit.

Traitement : *Phosphorus* 9 CH, une dose immédiatement, suivi de : *Bryonia* 4 CH, 2 granules toutes les heures.

Le lendemain, la fièvre était à 39°, le point de côté était sensiblement le même, mais la gêne respiratoire semblait plus supportable.

Je prescrivis : *Bryonia* 9 CH (une dose), suivi de *Bryonia* 4 CH.

Le troisième jour, la malade souffrait toujours de son poumon droit, mais pouvait se mouvoir facilement dans son lit. Une joue rouge, brûlante, correspondant au foyer de congestion, indiquait *Sanguinaria* 5 CH, 3 granules matin et soir, *Bryonia* 4 CH, toutes les trois heures.

Le quatrième jour, la température était à 37°5. La malade n'avait plus de point de côté. Elle respirait librement, avait chaud, rejetait ses couvertures, recherchait la place fraîche et demandait de l'air.

Sulfur 5 CH, 3 granules toutes les deux heures.

Ce remède nettoya d'une façon rapide et la malade n'entra même pas en convalescence. Il s'agissait d'un professeur de piano; elle put reprendre ses leçons une semaine après le premier frisson de la maladie.

Aurait-on eu le même résultat avec la thérapeutique officielle?

OBSERVATION 3.

Nous avons en mémoire le cas d'un petit malade de quatre ans que nous avons connu de façon tout à fait fortuite.

Cela se passait il y a quelque quarante ans. Nous circulions sur la route quand nous fûmes arrêté par un groupe de gens affolés qui cherchaient en vain un médecin.

En effet, nous trouvâmes une jeune mère effondrée, pleurant son fils qui se mourait.

Nous nous empressâmes d'entrer dans sa maison et vîmes un enfant d'une blancheur cadavérique, au teint de cire, au corps presque glacé. Nous doutions même qu'il fût en vie.

La peau était froide, les lèvres cyanosées, la langue froide. Cependant, le cœur battait à peu près normalement, les bruits étant un peu assourdis. La température était à peine de 35°. Cet état était survenu brusquement, après un vomissement au réveil.

Le pronostic était sévère. Fallait-il risquer le transport immédiat dans un service hospitalier, d'ailleurs lointain?

Cet enfant présentait tous les signes pathogénétiques de *Camphora*, le camphre, remède de tous les états syncopaux, avec refroidissement généralisé : peau froide, langue froide, face cadavérique.

Mais je n'avais pas *Camphora* dans ma trousse. Par bonheur, la pharmacie qui se trouvait non loin de là me procura sur-le-champ un tube de *Camphora* 4 CH, et, de minute en minute, je mis 2 granules sur la langue de l'enfant. Au bout de cinq minutes, la peau sembla rosir, se réchauffer, et une certaine transpiration s'amorça. Un quart d'heure plus tard, la température remontait à 37° et l'enfant avait repris connaissancc.

Je le revis deux heures plus tard, il n'avait absolument plus rien. Il était impossible de savoir quel mal l'avait frappé.

Aurait-il été guéri par une piqûre d'huile camphrée classique ou un analeptique courant?

Je n'avais fait qu'appliquer la loi de similitude avec un remède à dose infinitésimale, dans un cas qu'on peut bien considérer comme grave, puisque, apparemment, on croyait avoir affaire à un cadavre.

Cette observation est intéressante parce qu'elle permet de réfuter les arguments qu'on oppose à l'homéopathie, à savoir :

1° – *sa lenteur :*

L'homéopathie, c'est long, nous dira-t-on. Ici, il a fallu quatre minutes pour réveiller ce jeune enfant qui se mourait.

2° – *l'homéopathie, il faut y croire :*

Peut-on penser que cet enfant de quatre ans avait le cerveau assez lucide pour juger de ce qu'on lui administrait?

On peut rappeler qu'un animal, un chien, un chat ne peuvent faire la différence entre un remède allopathique et un remède homéopathique.

Nous revoyons toujours ce jeune patient. Il a maintenant quarante ans, il est marié et père de famille.

OBSERVATION 4.

J'ai été consulté pour donner mes soins à un malade d'environ soixante ans, visiblement atteint d'une affection grave. La famille ne m'avait pas caché le diagnostic porté par le service de l'hôpital voisin. Elle refusait l'intervention chirurgicale proposée et voulait qu'on essayât l'homéopathie.

Cela me paraissait dépasser ma compétence au stade actuel.

Le malade présentait une tumeur cancéreuse des cordes vocales. La voix était éteinte, l'état général gravement touché.

Cependant, à l'examen, apparaissaient de fort nombreux signes du remède homéopathique *Kali bichromicum*.

Le malade ressentait en effet une douleur vive sur le côté droit du larynx. Il était difficile de pratiquer un examen approndi, le malade ne pouvant qu'à peine ouvrir la bouche, tirer la langue.

Par ailleurs, celle-ci était recouverte d'un enduit jaunâtre qui paraissait collé fortement à la muqueuse. L'haleine était fétide.

Le malade présentait en outre une toux quinteuse qui occasionnait des douleurs fort pénibles de la région sternale, du dos et des épaules.

Je ne prescrivis pas de remède, sachant qu'il était déjà bien trop tard pour agir utilement. En effet, ce malade ne survécut pas longtemps.

Cependant, en interrogeant la famille, j'appris que, dans son jeune âge, ce patient avait subi de très nombreux épisodes de rhinites avec sinusite.

Vers l'âge de trente-cinq ans, lorsqu'il fit une crise abdominale aiguë, on pensa à l'appendicite, mais il ne fut pas opéré. Il présentait des phénomènes colitiques avec douleurs et diarrhées. Ces symptômes : rhinopharyngite, entérocolite, faisaient penser à *Kali bichromicum*.

D'autre part, il accusait des brûlures d'estomac rebelles. Il avait toujours besoin de boire de la bière, autre signe du remède.

Il souffrait de sciatique, de douleurs rhumatismales.

Voilà donc un malade qui, toute sa vie durant, avait présenté des symptômes de *Kali bichromicum*.

Il est troublant de penser à ce qui serait advenu si ce remède avait été prescrit à chaque évolution pathologique. Ce malade aurait-il eu le cancer qui l'a emporté?

OBSERVATION 5.

M. B., trente-huit ans, cultivateur, est un solide gaillard bien planté, de constitution carbonique, qui n'accuse dans ses antécédents que des douleurs articulaires, du rhumatisme, accompagnés de troubles digestifs (entérocolite, selles molles, aérocolie), des douleurs de jambes aggravées par la chaleur, enfin une fatigabilité qui va en s'accentuant.

A signaler un iritis rhumatismal il y a quelque années.

Il fait enfin brusquement un épisode fébrile, qu'on baptise grippe, pour lequel notre malade prend quelques remèdes anodins et se repose. La fièvre ne régressant pas, il appelle un médecin qui lui conseille aspirine vitaminée, calmants et liniments.

La température s'élève à 38°5, 39°.

Le malade souffre de plus en plus de la région lombaire. Un examen d'urines ne révèle que des cristaux d'oxalate de chaux, pas d'albumine.

Le malade ne dort plus la nuit, tant il souffre.

Il a une soif inextinguible. On lui administre des antibiotiques, ce qui ne résout pas le problème.

On parle de typhoïde. Une hémoculture se révèle négative.

C'est alors que je vois ce patient, en accord avec son médecin traitant, assez désemparé.

Jc trouve un malade très déprimé, surtout par la douleur. Il ne peut tenir au lit, tellement il souffre, mais s'il se lève, il est obligé de s'allonger, à nouveau fatigué et terrassé par la température qui se maintient à 40°.

En l'examinant, on trouve très peu de symptômes objectifs. Cependant, on note que les accidents ont débuté après un refroidissement et après la pluie (il était dans ses champs et avait reçu une averse), signe important chez un ancien rhumatismal. Rien aux poumons ni à la plèvre, tous ses membres sont endoloris, et la pression même des masses musculaires, surtout au niveau de la région lombaire, est très sensible.

Le malade a très soif, un grand bol de lait froid se trouve sur la table de nuit : indice que je note soigneusement, ainsi que la langue du malade, sale dans l'ensemble, mais rouge en triangle à la pointe.

Ces deux signes indiquent immédiatement *Rhux tox*, que je prescris aussitôt en 9 CH, suivi le lendemain du même remède en 4 CH, toutes les deux heures.

La nuit qui suit la prise du remède est terrible. Il y a une crise dorsale intense telle que le malade mouille draps et couvertures. Le lendemain, la température est à 37°5. Le malade est toujours abattu, mais paraît souffrir moins.

On continue *Rhus tox* en prises espacées qui améliorent rapidement en quarante-huit heures tous les symptômes.

Par téléphone, une semaine après, je prescris une dose de : *Medorrhinum* 9 CH, indiqué par les antécédents rhumatismaux, son faciès caractéristique, sa peau blafarde, infiltrée, les yeux remplis d'eau comme s'il avait beaucoup pleuré, l'agitation, la douleur localisée aux vertèbres lombaires.

Le malade avouera par la suite avoir contracté une blennorragie pendant son service militaire. Or *Medorrhinum* est préparé à partir de sécrétions urétrales blennorragiques prélevées en période d'écoulement sur des malades n'ayant pas été traités par des antibiotiques.

La prise de ce remède est suivie d'une amélioration spectaculaire des phénomènes douloureux et de l'état général.

Une semaine après, il lui est prescrit : *Nux vomica* 5 CH, 3 granules au réveil, *Sulfur* 5 CH, 3 granules au coucher, et *Berberis* 3 CH, 10 granules avant chaque repas.

Nux vomica en raison des troubles digestifs (colite, selles molles) ; *Sulfur* pour l'élimination rapide des toxines; *Berberis* pour faciliter le drainage par voie rénale.

Ce malade, vu à la lumière de l'allopathie, présentait des accidents d'allure grave, d'autant plus inquiétants qu'aucun diagnostic ne pouvait être formulé.

Grâce à l'homéopathie, tout s'est éclairé, j'ai considéré ces accidents comme une élimination toxinique d'ordre sycotique, dont *Rhux tox,* appuyé par le nosode *Medorrhinum,* a eu raison très rapidement.

OBSERVATION 6.

M. G..., architecte, soixante et onze ans, vient consulter parce qu'il a de violents malaises et maux de tête intenses à la suite d'un traitement par des injections intraveineuses prescrites pour des douleurs d'angine de poitrine.

C'est un homme très bien mis, élégant même, lent dans ses mouvements. Il raconte tranquillement son histoire tout en laissant échapper de temps en temps un soupir involontaire. Il précise que, toujours, ses maux de tête violents sont momentanément soulagés par un saignement de nez. Tension artérielle 21-12.

Traitement : *Ignatia,* 5 CH, 3 granules au réveil, *Baryta carbonica* 5 CH, 3 granules au coucher, *Melilotus* 3 X, 10 gouttes avant chaque repas (midi et soir), *Cactus* 5 CH, deux jours par semaine, pour les douleurs angineuses.

Je revois le malade trois semaines plus tard ; il y a une nette amélioration. On continue le même traitement et on supprime *Cactus*.

Quelque temps après, à l'occasion du repas de fiançailles de son petit-fils, fiançailles peut-être un peu trop fêtées, il tente de reprendre au dessert la pipe qu'il avait abandonnée depuis déjà une année.

Dès les premières bouffées, il accuse un malaise indéfinissable, il sent ses membres s'alourdir, ses jambes flageoler, en même temps qu'un violent mal de tête le terrasse.

J'arrive à temps pour assister à l'installation d'une hémiplégie. Je lui mets sur la langue 2 granules d'*Arnica* 4 CH et le fais transporter à son domicile.

La tension est de 25-13, le cœur irrégulier et mou. On continue *Arnica,* que l'on alterne avec *Gelsemium* en 4 CH et 10 gouttes, deux fois par jour, de *Crataegus* (1re décimale).

Le soir, une dose d'*Ignatia* 9 CH, parce que le tabac lui avait été particulièrement nocif, signe caractéristique du patient d'*Ignatia.*

Les jours suivants, l'état reste stationnaire. On poursuit le même traitement. Cinq jours après, les mouvements des membres inférieurs s'ébauchent lentement. On reprend le premier traitement : *Ignatia* 5 CH, *Baryta carbonica* 5 CH, *Crataegus* 1re X.

Depuis lors, l'amélioration n'a fait que se confirmer. La tension artérielle oscille maintenant autour de 18-12. Ce patient marche sans présenter la moindre séquelle paralytique. Il suit scrupuleusement son traitement, en prenant de temps en temps des doses d'*Ignatia* 9 CH, qui lui font, dit-il, le plus grand bien.

OBSERVATION 7.

M. W..., soixante-dix-sept ans, psorique avéré, a fait pendant de longues années des crises calculeuses. Il est suivi régulièrement et se maintient en équilibre avec des doses de *Baryta carbonica* et du *Psorinum.*

Gros mangeur, chaque écart de régime est suivi d'une

crise éliminatrice, localisée soit au niveau de son appareil digestif (diarrhée abondante et fétide), soit de la peau (eczéma, ulcère variqueux).

Je l'ai perdu de vue, quand on me téléphone du Pas-de-Calais ; la famille est affolée, le malade est au plus mal. Il fait de la température, 40° depuis dix jours. Le médecin consulté a diagnostiqué une « angiocholite » et prescrit de la glace et des antibiotiques.

Cependant, la température persiste et le malade s'affaiblit. Le médecin ne cache pas à la famille que l'issue peut être fatale.

Par téléphone, j'indique une dose de *Phosphorus* 9 CH à prendre le soir même, et je demande qu'on me tienne au courant le lendemain.

Le lendemain matin, comme convenu, on m'annonce que le malade a passé une nuit agitée, mais que, ce jour-là, la température est à 38°.

Je conseille *Bryonia* 4 CH, 3 granules toutes les deux heures.

Le deuxième jour, la température est à 37°5 et le malade réclame de la nourriture, à la grande stupéfaction du médecin traitant, qui ne croyait pas que ses antibiotiques aient pu si bien agir.

OBSERVATION 8.

Il s'agit d'un cas de coliques hépatiques survenues un dimanche après-midi à un chasseur, sur le lieu même de sa chasse.

Je trouve un homme en proie à une violente douleur, couché en deux dans un pré. Il avait laissé là sa gibecière et son fusil, et réclamait une piqûre calmante. Ma trousse contenait de la morphine et des granules homéopathiques.

A côté de ces derniers remèdes, il ne faut pas dédaigner les vertus héroïques de la morphine, c'est-à-dire de l'opium car, si l'homéopathie ne faillit jamais, il faut compter quelquefois sur une défaillance possible du médecin homéopathe.

Je ne fis pas la piqûre, mais lui mis sur la langue quelques granules de *Colocynthis* 4 CH. Une demi-heure après, la crise était calmée; une heure plus tard, tout semblait terminé.

Le malade prit quelques granules d'*Arnica* 4 CH et put reprendre sa chasse sans se soucier de quoi que ce soit.

La morphine l'aurait certes calmé, amélioré. Mais il eût fallu une voiture pour ramener le malade à son domicile, sans préjuger les accidents ultérieurs que la médication opiacée n'aurait pas prévenus.

OBSERVATION 9.

Mme N., trente-huit ans, présente des crises hépatiques depuis cinq à six ans. Elle a subi de multiples traitements. Ses examens de laboratoire sont toujours restés négatifs, le dosage du cholestérol est normal, ainsi que celui de l'urée.

Seul, un traitement diathermique aurait quelque peu atténué ses troubles digestifs.

Quand je la vois pour la première fois, elle a l'aspect d'une personne grosse, bouffie même, un peu infiltrée. Elle serait passée de 48 à 62 kilos depuis le début de ses accidents. Elle ne cesse de grossir malgré régime sévère et traitement.

Elle ressent un mal de tête au niveau de la nuque dès le réveil, un ballonnement après les repas, et souffre d'une constipation totale. Ses selles sont très difficiles à expulser et souvent enrobées de glaires filantes et visqueuses.

Elle a douleurs au niveau des grosses articulations, aggravées par le froid humide, calmées par un mouvement lent et léger. Elle s'enrhume très facilement l'hiver et accumule durant la saison humide coryzas et bronchites.

Traitement : *Nux vomica* 5 CH, *Rhus tox* 5 CH, *Hydrastis* 3 X.

Un mois plus tard, le ballonnement a disparu, les articulations sont plus souples, mais la constipation reste totale.

Traitement : *Bryonia* 5 CH, *Hydrastis* 5 CH, *Solidago* 3 X.

Quelques semaines plus tard, en septembre, elle fait un épisode aigu après un refroidissement. Cet épisode est vite jugulé avec *Dulcamara* 4 CH.

Je donne ensuite à cette maladie infiltrée, rhumatisante, aggravée en automne, par temps humide, vivant sur un sol humide où les brouillards sont assez fréquents, une dose de *Natrum sulfuricum* 9 CH, suivie de *Bryonia* 5 CH, *Hydrastis* 5 CH, *Aranea diadema* 3 X.

Aranea diadema est une araignée. Ce remède est utile chez tout individu épuisé, frileux, dont l'état est aggravé par l'humidité, qui se réveille tous les matins avec les mains et les avant-bras enflés et lourds.

Deux mois plus tard, nette amélioration. La malade ne n'est pas enrhumée. Ses troubles digestifs s'estompent. Elle n'a plus souffert du foie depuis six mois.

Une dose de *Natrum sulfuricum* 9 CH améliore encore la situation. La malade a perdu 5 kilos et, à la dernière consultation, onze mois après la première, la chute de poids s'est encore accusée, les troubles digestifs se sont encore plus estompés.

Ce cas est intéressant car il est fréquent d'observer dans les contrées humides, génératrices de sycose, des hépatiques justiciables de *Natrum sulfuricum* mais qui ne présentent pas toujours la bienfaisante diarrhée éliminatrice qui caractérise l'emploi de ce remède.

Psoro-sycotiques, ce seront déjà des candidats aux cancers, malades constipés aux selles rares, glaireuses, visqueuses, justiciables d'*Hydrastis*.

Hydrastis conjugué à *Natrum sulfuricum* peut, à ce stade, rendre service à ces malades et les arrêter à la porte du cancer.

OBSERVATION 10.

Il s'agit de M. C., soixante-sept ans, maraîcher dans la banlieue sud de Paris, qu'on m'amène d'urgence. Il a un bon d'admission pour un service hospitalier, mais des voisins charitables ont préféré détourner ce malade du chemin prévu et me l'ont adressé.

Il présente, sinon une occlusion intestinale, du moins une grave obstruction : pas de selles depuis plusieurs jours. Fatigué, épuisé, émacié, amaigri, il est sans forces, assoupi, et répond à peine aux questions qu'on lui pose.

Sa pâleur est intense. Le malade a une haleine fétide, un état nauséeux constant, mais ne vomit pas.

A l'examen, abdomen dilaté, sillonné d'un réseau veineux bleuâtre. La palpation et douloureuse. Il est difficile de percevoir le foie. La région rénale n'est pas sensible. Les membres inférieurs sont enflés, les bruits du cœur sourds mais réguliers.

Tension artérielle : 11-8.

Le malade est légèrement oppressé. On note des sueurs abondantes sur le visage et le front. Le patient ne réclame rien, il boit cependant, mais rejette rapidement la boisson qu'on vient de lui administrer. La langue est noire, sèche, comme paralysée.

L'ensemble du tableau clinique, la torpeur, la constipation totale me font songer à *Opium*, que je donne immédiatement en 9 CH, tout en prescrivant une deuxième dose un peu plus tard en cas de besoin.

Dès son retour chez lui, ce malade évacue avec de gros efforts des selles énormes, dures, noires, sèches. On est obligé de procéder à l'évacuation totale, à l'aide d'un large lavement.

Cependant, la soif persiste. Par téléphone, je prescris : *Bryonia* 4 CH, 2 granules toutes les deux heures.

Tout rentre vite dans l'ordre. Cependant, il est nécessaire d'éviter le retour d'une pareille crise avec l'ordonnance suivante : *Bryonia* 5 CH, *Alumina* 5 CH, *Hydrastis* 1 X, qui améliore considérablement la situation.

C'est dire qu'une seule dose homéopathique prescrite à bon escient peut avoir raison de troubles morbides graves et impressionnants, chez un malade pour qui on espérait une seule issue : l'acte opératoire.

OBSERVATION 11.

Danièle B., une jeune fille de dix-neuf ans, n'avait jamais présenté d'accidents pathologiques graves ; des fièvres éruptives banales, une appendicite à onze ans, sans histoire, quelques rhinopharyngites en hiver, mais le tout greffé sur une instabilité psychique assez marquée, des difficultés de caractère, une certaine hyperémotivité allant parfois jusqu'à l'angoisse, surtout au moment des règles.

Sa sœur cadette préparait sa communion privée, et Danièle la conduisait tous les jours jusqu'à l'église où avait lieu la retraite.

Cette retraite était dirigée par un jeune prêtre, d'ailleurs divinement beau. Danièle n'eut d'yeux que pour lui. Mais les choses ne durent que ce qu'elles peuvent durer : notre abbé regagna bientôt sa communauté. Mais Danièle ne put probablement pas supporter son départ.

Enfermée dans un mutisme absolu, elle refusait toute nourriture et passait des heures entières à errer dans les rues au lieu d'assister à ses cours. Bref, un jour, elle ne rentra pas. La famille, affolée, chercha en vain dans toutes les directions.

Danièle avait réussi à se procurer l'adresse de l'ecclésiastique et s'était présentée un soir à sa communauté, dans le XVIIe arrondissement.

On ne lui ouvrit pas la porte. Furieuse, elle fit un tel tapage que des voisins appelèrent Police-Secours, et Danièle fut conduite au poste de police le plus proche.

L'officier de police ne put l'interroger, tant elle était excitée et agitée. Son portefeuille contenait quelques adresses et c'est ainsi qu'à 2 heures du matin je reçus un coup de téléphone du commissariat, qui cherchait de plus amples renseignements.

J'étais loin de me douter de ce qui s'était passé. Je donnai l'adresse des parents et demandai qu'elle fût transportée dans un service approprié, en vue d'une observation.

Elle échoua à Sainte-Anne, toujours furieuse et même dangereuse. On l'isola dans une cabine capitonnée. Il fallait cependant la traiter et la sortir de là.

Les visites étaient quasiment impossibles. Aussi, nous usâmes d'un stratagème. On ne pouvait la contacter qu'à travers un petit guichet; avec sa mère, je lui rendis une courte visite en me faisant passer pour un cousin lui apportant victuailles et gâteaux.

Or nous étions au début de janvier; le gâteau fut évidemment une portion de galette des rois, et j'avais mis à la place de la fève une dose homéopathique.

Danièle me reconnut, comprit que le gâteau lui était destiné et que son contenu pourrait sans doute apaiser cette crise quasi hystériforme.

La dose était *Lilium tigrinum* 9 CH, remède de la mélancolie religieuse, du désespoir, de l'excitation d'origine érotique.

Elle prit sans doute sa dose car, la nuit suivante, elle se calma totalement et, quarante-huit heures après, elle fut rendue à sa famille.

OBSERVATION 12.

Mme L., trente-neuf ans, vue pour la première fois le 15 septembre 1978, a un long passé hépatique, avec des crises de coliques hépatiques mensuelles, une appendicite à vingt ans, des hémorroïdes saignantes opérées en 1973.

Depuis fort longtemps, elle suit un régime sévère, associé à de nombreux traitements allopathiques qui ne la soulagent pas.

Elle présente une diarrhée claire après le petit déjeuner, une soif intense, une gêne gastrique constante, un ballonnement abdominal après chaque repas.

Traitement : *Bryonia* 4 CH, *Nux vomica* 4 CH, *China* 4 CH, 3 granules alternés toutes les deux heures calment en cinq jours les phénomènes gastriques, la soif, les flatulences.

Seule, la diarrhée persiste. La malade accuse des maux de tête du côté droit et un manque d'appétit total.

Le 20 septembre 1978 : *Natrum sulfuricum* 9 CH, une dose, suivi de : *Nux vomica* 5 CH, *Chelidonium* 5 CH, *Hydrastis* 3 X.

Le 1er décembre, nette amélioration. Les troubles digestifs ont franchement diminué. La diarrhée du matin persiste cependant. La malade n'a pas fait de crise depuis le début du traitement. Elle présente une rhinopharyngite avec écoulement jaune, visqueux.

Traitement : *Natrum sulfuricum* 9 CH, une dose, *Podophyllum* 5 CH, *Solidago* 3 X.

Le 19 janvier 1979, la diarrhée a cessé, les selles sont même plus rares. La malade se plaint d'hémorroïdes brûlantes, qui ont récidivé après l'intervention de 1973, ainsi que de démangeaisons anales. Elle urine peu.

Traitement : *Nux vomica* 5 CH, *Sulfur* 5 CH, *Berberis* 3 X.

Le 30 avril 1979, l'état s'est progressivement amélioré. Les digestions sont meilleures. Pas de crise de colique hépatique. De temps en temps, une selle molle au réveil, un léger écoulement nasal, quelques maux de tête, un rhumatisme des deux avant-bras aggravé par l'humidité des deux derniers mois.

Traitement : *Natrum sulfuricum* 9 CH, une dose, *Rhus tox* 9 CH, une dose, à une semaine d'intervalle, *Rhus tox* 5 CH, *Dulcamara* 5 CH, *Hydrastis* 3 X.

Le 19 septembre, la malade a passé un été sans histoires. Toujours pas de crise. Il y a presque un an jour pour jour qu'elle a commencé le traitement homéopathique.

Elle prend maintenant, à titre d'entretien, tous les

quatre ou cinq mois : *Nux vomica* 5 CH, *Sulfur* 5 CH, *Solidago* 3 X.

OBSERVATION 13.

Deux malades dans une même famille, le père et la petite fille, présentaient tous deux une fièvre traînante, qui montait de jour en jour. Ils étaient abattus, prostrés, même.

Le père souffrait intensément de la tête, la fille avait eu plusieurs saignements de nez. Ils avaient soif, et progressivement s'était installée une diarrhée en selles fétides, malodorantes. Ils refusaient toute nourriture ; la fille surtout était en proie à des vomissements violents.

Le traitement classique, Ganidan, ferments lactiques (nous étions en 1949), vaccins intestinaux, n'ayant apporté aucune amélioration, je fis effectuer une prise de sang, pour une hémoculture.

L'examen se révéla positif : tous deux étaient atteints de typhoïde (para B). C'était au début de la *Tifomicine*, qui leur fut longuement administrée.

La maladie dura environ trois semaines, sans complications notables.

Pendant cette période, il avait été impossible d'isoler la mère et le petit frère, qui, eux aussi, semblèrent vouloir payer un tribut à la même maladie.

Chacun des deux ressentait déjà les mêmes malaises : nausées, légère température, langue sale, douleurs intestinales.

Je décidai de changer de bord et de recourir à l'homéopathie.

Je prescrivis à chacun d'eux, toutes les deux heures, 2 granules, en alternant, de : *Bryonia* 4 CH, *Antimonium crudum* 4 CH.

Quarante-huit heures après, tout était rentré dans l'ordre. Je n'eus pas besoin de pratiquer un examen de sang.

Conclusion :

Le père et la fille soignés par l'allopathie en vingt et un jours.

La mère et le fils soignés homéopathiquement en quarante-huit heures.

QUELQUES QUESTIONS ET RÉPONSES

C'est le cas de la jeune maman qui, affolée, appelle le médecin : « Docteur, mon enfant vient d'avaler tout un tube de granules homéopathiques! »

« Madame, votre enfant ne risque rien. S'il a quelque affection et si le remède est indiqué, il sera guéri. Au contraire, si votre enfant est bien portant, le remède n'aura aucun effet. »

Il arrive fréquemment qu'un pharmacien ne disposant pas de doses en 9 CH propose à son client dix granules d'un tube de 5 CH. Réponse erronée quand on songe à la différence de surface portante entre un granule de 5 CH ou 4 CH et celle d'un petit granule de 9 CH – différence énorme. L'absorption médicamenteuse se fait par le contact de ces surfaces avec la muqueuse.

D'autres patients s'inquiètent de la dilution à prendre en cas de maladie.

On doit observer les règles suivantes : chaque fois qu'il y a lésion ou qu'on ne dispose que de symptômes locaux et si les défenses organiques sont réduites, il faut prescrire des dilutions basses (4 CH ou 5 CH), voire des dilutions décimales (1D, 2D, 3D). Les basses dilutions doivent être répétées fréquemment (toutes les heures ou toutes les deux heures).

Les moyennes dilutions s'adressent aux cas moins aigus et se prescrivent une à deux fois par jour.

Si l'affection est ancienne et si les symptômes sont violents, il sera possible de donner des 9 CH.

Certains patients réagissent mal à certains remèdes, même si ceux-ci sont bien indiqués. Il peut se produire une aggravation qui inquiète le malade – excellent signe d'ailleurs – car le remède a été au but mais l'a dépassé. Il suffit dans ce cas d'arrêter la médication prescrite et de prendre en 9 CH le remède correspondant à l'aggravation.

Ainsi, le remède prescrit pour une migraine peut déclencher une diarrhée ; donner alors le remède de diarrhée en 9 CH, par exemple *China*.

Doit-on associer l'homéopathie et l'allopathie ? Absolument pas. Une médecine étant celle des semblables, l'autre des contraires, l'une va invariablement contrarier l'autre. Sauf dans certains cas où il est possible par exemple d'associer les remèdes homéopathiques aux antibiotiques, pour en réduire la prescription. On ne conduit pas une voiture les freins serrés.

Doit-on formuler sur un seul symptôme ?

Il est possible d'améliorer uniquement un symptôme, mais on ne peut guérir un syndrome ou même une maladie. Il est nécessaire de connaître parfaitement trois ou quatre symptômes caractéristiques pour avoir le droit de prescrire un remède homéopathique.

Comme l'affirmait le Dr Léon Renard, on ne peut tenir en équilibre sur un tabouret ne possédant qu'un pied – un siège en a toujours au moins trois.

CHAPITRE III

LA TROUSSE HOMÉOPATHIQUE

La trousse d'urgence

Elle est d'un grand intérêt. Chacun peut constituer sa petite pharmacie. Les remèdes sont d'une conservation quasi illimitée, à condition de les tenir à l'abri des parfums et de la grande lumière.

Certains médicaments seront présentés en tubes de granules :

- en 4 CH ou 5 CH,
- en doses de 9 CH,
- en dilutions en flacons de 15 centicubes.

Il faudra donc retenir :

Aconit 5 CH en granules,
Aconit 9 CH, une dose,
Allium cepa 5 CH,
Antimonium crudum 5 CH,
Antimonium tartaricum, 5 CH,
Apis 5 CH,
Apis 9 CH,
Arsenicum album 5 CH,
Belladonna 5 CH,
Belladonna 9 CH,
Berberis 3 X (un flacon),
Gelsemium 5 CH,
Bryonia 5 CH,
Bryonia 9 CH,
Cactus 4 CH,
Calcarea carbonica 9 CH, une dose,
Carbo vegetalis 5 CH,
Chelidonium 5 CH,
China 5 CH,
China 9 CH,
Colocynthis 4 CH,
Ferrum phosphoricum 4 CH,
Mercurius solubilis 4 CH,

Gelsemium 9 CH,
Glonoine 5 CH,
Hepar sulfur 5 CH,
Hypericum 4 CH,
Ignatia 9 CH, une dose,
Ipeca 4 CH,
Kali bichromicum 4 CH,
Lachesis 5 CH,
Lycopodium 5 CH,
Nux vomica 5 CH,
Pyrogenium 5 CH,
Pyrogenium 9 CH,
Rhus tox 5 CH,
Solidago 3 X (dilution, un flacon de 15 centicubes),
Sulfur 5 CH,
Tabacum 5 CH,
Veratrum album 5 CH.

Pour les pansements : *Pommade au Calendula* ou *Calendula Teinture Mère* (à employer en gouttes, 15 à 20 gouttes dans un verre d'eau bouillie, en pansements, lavages, gargarismes, etc.).

L'influence des conditions climatiques

Il est capital d'étudier les réactions de chaque individu suivant le temps, les saisons, les lieux et les influences cosmiques. A chacune des réactions du malade correspondent un ou plusieurs remèdes, indiqués ci-dessous :

LE TEMPS.

1) Si les symptômes sont aggravés par

L'HUMIDITÉ OU LA PLUIE, prendre :
Rhus tox
Rhododendron
Thuya
Natrum sulfuricum

LE VENT, prendre :
Natrum sulfuricum

LA SÉCHERESSE, prendre :
Causticum

La neige, prendre :
Calcarea phosphorica

La grande chaleur, prendre :
Natrum carbonicum

Le froid, prendre :
Hepar sulfur

L'orage, prendre :
Rhododendron
Phosphorus

2) Si les symptômes sont atténués par

L'humidité ou la pluie, prendre :
Causticum

Le froid, prendre :
Apis
Psorinum
Silicea

LES CONDITIONS SAISONNIÈRES.

1) Si les symptômes sont aggravés

A l'automne, prendre : *Rhus tox*
En été, prendre : *Natrum carbonicum*
En hiver, prendre : *Petroleum, Psorinum*
Au printemps, prendre : *Lachesis*

2) Si les symptômes sont atténués

A L'AUTOMNE, prendre : *Causticum*

EN ÉTÉ, prendre : *Silicea, Dulcamara, Rhus tox*

EN HIVER, prendre : *Apis, Secale cornutum, Phosphorus*

AU PRINTEMPS, prendre : *Nux vomica, Kali carbonicum*

LES LIEUX.

1) Si les symptômes sont aggravés

A LA MER, prendre : *Natrum muriaticum, Natrum sulfuricum*

A LA MONTAGNE, prendre : *Medhorrhinum*

2) Si les symptômes sont atténués

A LA MER, prendre : *Bromium, Medorrhinum*

A LA MONTAGNE, prendre : *Luesinum*

LES INFLUENCES COSMIQUES.

1) Si les symptômes sont aggravés

PAR LE SOLEIL, prendre : *Natrum carbonicum, Lachesis*

A LA NOUVELLE LUNE, prendre : *Silicea*

A LA PLEINE LUNE, prendre : *Calcarea carbonica*

A LA LUMIÈRE DE LA LUNE, prendre : *Antomonium crudum*

2) Si les symptômes sont atténués

PAR LE SOLEIL, prendre : *Silicea, Psorinum*

Météoro-pathologie et homéopathie

LE SYNDROME DU BORD DE MER.

Il existe en effet une pathologie très spéciale qui se manifeste par des troubles qui s'échelonnent entre le troisième et le quarante-cinquième jour de l'arrivée au bord de la mer.

En effet, de nombreux sujets accusent une certaine fatigabilité, des courbatures, des malaises, des troubles digestifs, respiratoires et cutanés.

En règle générale, les sujets justiciables de *Natrum muriaticum* sont aggravés au bord de la mer.

Au contraire *Medorrhinum* est amélioré.

Il faut noter chez les sujets de *Natrum muriaticum* une amélioration spectaculaire de l'état général. L'appétit s'accroît, le sommeil est excellent, le faciès perd sa sécheresse. Tout ceci pendant quatorze jours (une demi-lunaison). Si le séjour se prolonge, le sujet accuse une fatigue très spéciale : l'insomnie apparaît, ainsi que l'amaigrissement. Il importe à cette période de donner : *Arsenicum iodatum* en 9 CH (2 doses dans un délai de quatorze jours – une demi-lune), suivi de *Natrum muriaticum* en 5 CH (au réveil et au coucher pendant le reste du séjour).

Natrum muriaticum donne des résultats merveilleux associé régulièrement à *Oleum jecoris aselli 1D* en gouttes avant chaque repas (huile de foie de morue), en préparation homéopathique – facilement absorbable et assimilable, sans donner de troubles digestifs.

Il est fréquent d'observer en septembre-octobre, chez les jeunes enfants qui ont fait un séjour prolongé au bord de la mer, ou de l'océan, un syndrome très spécial : brusque montée de la température – maux de tête – vomissements, raideurs de nuque, symptômes pouvant faire évoquer une atteinte méningée.

Ayant été durant tout l'été fortement « imbibés » de sel marin, ils cherchent à se libérer du chlorure de sodium *(Natrum muriaticum)* qui s'élimine par voie méningée. Le praticien non averti diagnostique une méningite, alors que la prise d'une seule dose de *Apis* en 9 CH, remède aigu de *Natrum muriaticum,* permet une résolution rapide de tous les symptômes en quelques heures, ce qui permet d'éviter affolement général, hospitalisation, ponction lombaire, antibiotiques etc.

LES AGGRAVATIONS ET AMÉLIORATIONS SUIVANT LES INFLUENCES COSMIQUES.

L'aggravation à la nouvelle lune relève de *Silicea,* à la pleine lune de *Calcarea carbonica,* à la lumière de la lune d'*Antimonium crudum.*

Pour obtenir les meilleurs effets dans le but d'une minéralisation, donner pour exemple *Natrum muriaticum,* en lune montante pour évacuer les toxines chez un sycotique – *Thuya* par exemple –, et en lune descendante après une pleine lune.

LES AGGRAVATIONS SUIVANT LE TEMPS ET LE CLIMAT.

• L'aggravation par grande chaleur est justiciable de *Natrum carbonicum*, en doses 9 CH, tous les jours, pendant une période caniculaire. Ce remède peut être suivi par : *Apis – Iodum – Pulsatilla – Secale cornutum.*

• L'humidité relève de : *Ammonium carbonicum – Aranea diadema – Calcarea fluorica – Natrum sulfuricum – Rhus tox – Rhododendron – Thuya.*

• La sécheresse relève de : *Causticum – Hepar sulfur – Nux vomica.*

• Le temps de neige relève de : *Calcarea phosphorica.*

• Avant un orage : *Natrum carbonicum – Psorinum – Rhododendron.*

• Pendant l'orage : *Natrum carbonicum – Phosphorus – Rhododendron.*

• Aggravation par le grand vent : *Natrum sulfuricum.*

LES INFLUENCES SAISONNIÈRES.

• Aggravé en hiver : *Petroleum – Psorinum – Silicea – Aurum metallicum – Ipeca* (temps très sec et très froid) – *Hepar sulfur* (aggravé par le moindre courant d'air) – *Kali bichromicum* (le matin, prend froid facilement).

• Aggravé au printemps : *Sarsaparilla – Bromium* (après avoir pris froid dans les jours chauds) – *Lachesis* (surtout par les changements de temps).

• Aggravé en été : *Natrum carbonicum – Gelsemium – Cina.*

• Aggravé en automne : *Rhus tox – China* (aggravé un jour sur deux) – *Dulcamara – Mercurius.*

LES SAISONS ET LEURS RELATIONS ATMOSPHÉRIQUES.

Chaque saison provoquera chez les individus des réactions plus ou moins accentuées.

Nous pouvons comprendre ainsi quel remède se présentera suivant la correspondance hygrométrique, barométrique et thermométrique.

Ainsi le temps sec appelle *Aconit*, le grand froid avec le soleil sur la neige aboutit à *Bryonia*, tandis que *Dulcamara* est le remède des temps humides et froids, de la neige fondue, de la pluie, des températures oscillant entre 0 et + 2°.

Les échanges cutanés se ralentissent quand l'humidité augmente. Un individu en bon état de défense va augmenter automatiquement ses combustions. Un hépatique ne pourra pas réagir utilement, son foie ne pouvant plus agir sur la thermogénèse.

On trouvera ci-dessous un schéma imaginé par le Dr André Rouy, qui peut permettre de saisir la correspondance des températures et des remèdes.

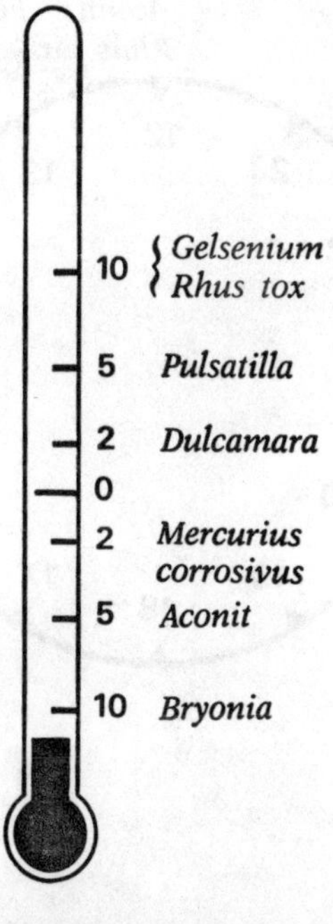

LES HEURES D'AGGRAVATION

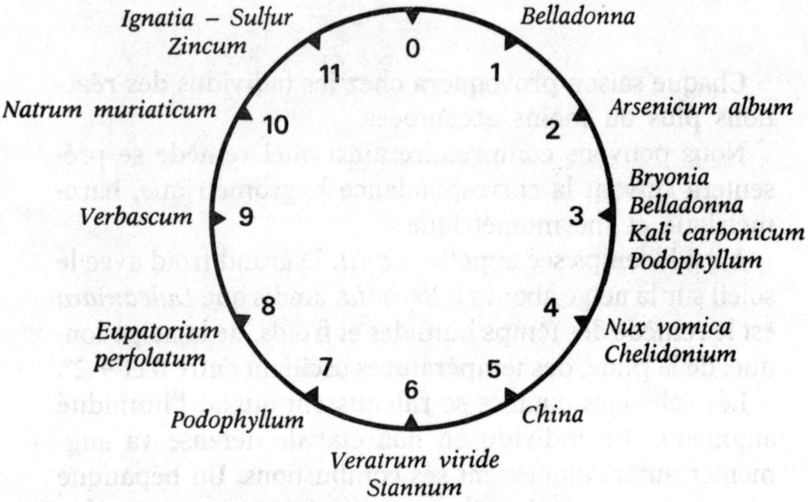

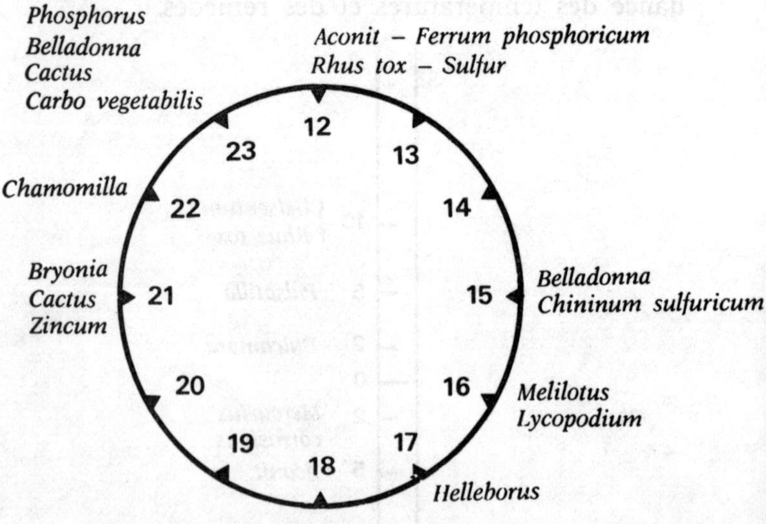

Petit lexique homéopathique

Les remèdes les plus fréquemment employés

Aconit

- Début brusque d'une maladie avec agitation physique et mentale, anxiété, peur de la mort prochaine.
- Douleurs provoquées par une exposition au froid sec. Ces douleurs sont intolérables.

Actea racemosa

- Troubles mentaux et utérins.
- Peur de devenir folle. Grande loquacité.
- Règles abondantes, douloureuses.
- Douleurs intenses dans la nuque.

Aesculus hyppocastanum

- Congestion veineuse du bassin.
- Hémorroïdes. Varices.

Allium cepa

- Coryza aqueux aggravé dans une chambre chaude, calmé au grand air.
- Larmoiement non irritant.
- Éternuements violents.

Aloe

- Maux de tête alternant avec lumbago et hémorroïdes.
- Pesanteur dans le bas-ventre et le rectum.
- Diarrhées de bonne heure le matin, et après avoir mangé ou bu.

Anacardium

- Pertes de mémoire. État toujours amélioré après les repas.
- Dépression avec impulsions contradictoires (dédoublement de la personnalité).
- Douleurs, comme une pesanteur, en un point très limité, ou sensation de constriction, comme un lien serré autour d'un membre.

Antimonium crudum

- Action sur le tube digestif (indigestions), langue chargée d'un enduit épais et blanc.
- Selles mi-solides, mi-liquides.
- État toujours aggravé par les bains froids, ou après avoir trop mangé.
- La peau est épaisse, comme cornée.

Antimonium tartaricum

- C'est l'appareil respiratoire qui est touché. Étouffements. Nombreuses mucosités bronchopulmonaires difficiles à expectorer.
- Amélioration en position assise.
- Malade épuisé, avec nausées et vomissements.

Apis

- État aigu : congestion intense brutale.
- Inflammations avec œdèmes.
- Douleurs brûlantes comme du feu.
- Absence de soif. Urines rares.
- État toujours calmé par le froid et aggravé par la chaleur.

Argentum nitricum

- Malade agité, précipité, nerveux.
- Vertiges, palpitations.
- Aérophagie. Diarrhée émotive.

Arnica

– Courbatures, meurtrissures, fatigue.
– Hémorragies. Ecchymoses.
– Traumatisme. Fatigue cardiaque. Palpitations.

Arsenicum album

– Alternance de prostration et d'agitation.
– Anxiété (crainte de la mort).
– Malade très agité. État aggravé de 1 heure à 3 heures du matin.
– Douleurs brûlantes, calmées par la chaleur.
– Soif de petites quantités d'eau froide.
– Odeur cadavérique des sécrétions.
– Malade frileux et qui redoute l'air frais.

Aurum metallicum

– Sujet déprimé avec tendance suicidaire.
– Douleurs nocturnes osseuses profondes, aggravées l'hiver.
– Maux de tête avec bouffées de chaleur.

Baryta carbonica

– Grande lenteur à se mouvoir, à comprendre.
– Pertes de mémoire.
– Malade très frileux.
– Hypertension artérielle.
– Enfants arriérés ou vieillards séniles.

BELLADONNA

– Les symptômes, toujours très violents, apparaissent et disparaissent brusquement.
– Inflammations aiguës locales ou générales.
– Sécheresse intense des muqueuses.

BERBERIS

– Douleurs piquantes, brûlantes, changeant souvent de place et irradiant dans tous les sens.
– Lumbagos. Éruptions avec démangeaisons, ou douleurs hépatiques et néphrétiques.

CHAMOMILLA

– Hypersensibilité nerveuse. Sujet coléreux, toujours agité, calmé quand il se promène en voiture.
– Intolérance à la douleur.
– Une joue chaude et rouge, l'autre pâle et froide.
– Diarrhée jaune-vert.

CHELIDONIUM (remède du foie)

– Douleurs de tête au-dessus de l'œil droit.
– Teint jaune. Ictère.
– Selles pâteuses, jaune d'or.
– Douleur à l'angle inférieur de l'omoplate droite.

China

– Faiblesse après une perte de liquides organiques.
– Accès fébriles intermittents.
– Mal de tête, comme si elle allait éclater.
– Goût amer. Soif intense de petites quantités d'eau froide à des intervalles espacés.
– Diarrhée jaune sans douleur.
– Flatulences considérables avec coliques.
– Saignements de nez. Hémorragies.

Cina

– Troubles nerveux et digestifs en rapport avec des vers intestinaux.
– Malade hargneux, insupportable, qui ne peut tolérer qu'on le regarde ou qu'on le touche.
– Il a faim après les repas.
– Il se frotte le nez constamment ou y met les doigts.
– Grincement de dents au cours de la nuit.
– Cernes bleuâtres autour des yeux.

Cocculus

– Faiblesse paralytique avec nausées aggravées en bateau ou en voiture.
– Douleurs de nuque s'étendant à la colonne vertébrale.
– Gonflement énorme de l'abdomen. Douleurs aiguës dans le ventre, comme si l'intestin était pincé.

Colchicum

- Malade rhumatisant et goutteux. Douleurs et gonflements des articulations, en particulier du gros orteil.
- Aversion pour l'odeur des aliments cuits.
- Nausées et sensation de froid dans l'estomac.
- A l'automne, diarrhée de selles muqueuses, gélatineuses.

Colocynthis

- Douleurs névralgiques violentes obligeant le malade à se plier en deux. Aggravation par la colère.
- Névralgie faciale gauche.

Conium

- Faiblesse musculaire avec tremblements.
- Vertige en position couchée. Larmoiement. Orgelets.
- Désir de sel, éructations acides. Abdomen gonflé. Constipation un jour sur deux.
- Impuissance.

Crataegus

- Faiblesse et irrégularité du cœur.
- Palpitation au moindre exercice.

Cuphum

- Crampes, convulsions, spasmes.
- Accès d'épilepsie. Hoquet qui s'atténue en buvant de l'eau froide.
- Coliques violentes avec diarrhée.
- Hypersensibilité aux remèdes eux-mêmes.

Bryonia

- Inflammation aiguë de toutes les muqueuses.
- Douleurs aggravées par le moindre mouvement, calmées par le repos et la pression forte.
- Douleurs de nuque.
- Muqueuses sèches.
- Soif de grandes quantités d'eau froide à intervalles espacés.
- Constipation. Selles sèches, dures, brûlées.
- Inflammation des articulations.
- Toux sèche et point de côté.

Cactus

- Affections cardiaques, angine de poitrine.
- Sensation d'un étau qui enserre le thorax. Cette sensation peut se manifester au niveau d'autres organes (cou, œsophage, estomac, vessie).
- Hémorragies de sang noir.

CALCAREA CARBONICA

– Sujet lympathique, lent, apathique, mou.
– Anxiété, crainte de l'avenir.
– Tendance à l'obésité. Acidité du tube digestif.
– Éructations sûres. Grosses amygdales. Sueurs de la tête, aggravées par le froid humide.

CALCAREA FLUORICA

Sujct indécis. Il cst notamment obsédé par la ruine financière.
– Douleurs musculaires (dos et reins) aggravées par temps humide. Varices. Ulcères variqueux.

CALCAREA PHOSPHORICA

– Nervosité. Les souffrances sont aggravées en y pensant.
– Appréhension. Maux de tête des étudiants.
– Croissance trop rapide chez les enfants.
– Recherche de viandes fumées et salées.

CARBO VEGETABILIS

– Grande débilité. Diminution de l'énergie vitale. Agonie.
– Le corps (mains, pieds, peau) est froid. L'haleine également. Seule, la tête est chaude. Le malade a froid mais a besoin d'être éventé.
– Flatulences. Aérophagie. Sueurs froides. Hémorragies de sang noir foncé, coagulé.

CARDUUS MARIMUS (remède hépatique)

- Douleurs au niveau du foie si le malade est couché sur le côté gauche.
- Hémorroïdes. Maux de tête.

CAUSTICUM

- Faiblesse syncopale avec paralysie localisée.
- Sensation de « plaie à vif ». Anxiété au crépuscule.
- Constipation avec efforts inefficaces et selles laminées.
- Incontinence d'urines.
- Le malade tousse mais ne peut cracher.

DROSERA (voies respiratoires; larynx-poumons)

- Irritation de ces muqueuses. Toux coqueluchoïde par quintes. Enrouement.
- Toux sèche, après minuit, aggravée par la chaleur.

DULCAMARA

- Névralgies provoquées par exposition au froid humide.
- Alternance d'éruptions et de rhumatismes ou de diarrhée.
- Lumbago après un refroidissement.
- Éruptions eczémateuses suintantes ou pustules avec des croûtes saignant facilement.

EUPATORIUM PERFOLIATUM

- État fébrile (grippe) avec courbatures intenses. Sensation de brisure dans le dos et les os, ainsi que dans les membres.
- Toux sèche que l'on calme en se mettant à genoux, la tête dans l'oreiller.
- Vomissements précédés par une soif intense.

EUPHRASIA

- Les yeux pleurent sans cesse. Larmoiement irritant (conjonctivite).
- Paupières rouges, enflées, brûlantes.
- Coryza avec écoulement clair, non irritant.

FERRUM PHOSPHORICUM

- Inflammations aiguës avec dépression et tendance hémorragique.
- Douleurs violentes. Rougeurs localisées. Battements. Douleurs articulaires.
- Rougeur et inflammation de la gorge, des oreilles, avec température.
- Toux sèche, douloureuse, avec parfois des crachats striés de sang ou franchement hémorragiques.
- Diarrhée avec fièvre.

FLUORIC ACID

- Action sur la peau (ulcères).
- Action sur les veines (varices).

– Action sur les os (suppuration avec expulsion d'esquilles, fistules osseuses).
– Démangeaisons autour d'un orifice (anus ; anorifice fistuleux).
– Prolapsus utérin.

GELSEMIUM

– Dépression physique et mentale avec grande émotivité : peur de paraître en public, timidité, tremblement, trac.
– Douleur dans la nuque comme si elle était causée par un poids, migraines précédées de troubles de la vue. Paupières lourdes. Absence de soif. Le malade doit aller à la selle après une mauvaise nouvelle.
– Impression que le cœur va s'arrêter de battre si on ne bouge pas.
– Également remède de grippe.

GLONOÏNE

– Congestion violente de la tête avec battements. Tête rouge. Bouffées de chaleur. Palpitations. Vertiges en se mettant debout.
– État toujours aggravé par la chaleur et le soleil.

GRAPHITES

– Sujet gros, gras, frileux, constipé ; éruptions croûteuses, avec du liquide comme du miel.
– Apathie. Dégoût de toute activité.

Hamamelis

– Hémorragies de sang noir qui coagule difficilement.
– Congestion veineuse de la peau : ecchymoses, sensation douloureuse à la pression après un traumatisme. Hémorroïdes saignantes.

Hepar sulfur

– Malade hypersensible au froid, aux courants d'air, au contact et à la douleur.
– Sensation d'échardes enfoncées dans la chair.
– Écoulements fétides.
– La moindre plaie suppure. Tendance aux abcès.

Hydrastis

– Mauvais état général. Amaigrissement.
– Troubles des muqueuses avec catarrhe filant, visqueux, épais, jaunâtre.
– Inflammation des petits canaux (trompes d'Eustache, canal cholédoque, uretère).
– Constipation. Douleurs dans la région du foie, irradiant aux épaules.

Hypericum

– Traumatisme des nerfs.
– Blessures par objets pointus (clous, aiguilles).
– Douleurs aiguës, intolérables.

Ignatia

- Déséquilibres nerveux caractérisé par une tendance aux spasmes et aux troubles à caractère irrégulier, paradoxal, contradictoire, aggravé par les contrariétés, les émotions; soupirs, bâillements, pleurs, « boule » remontant de l'estomac jusque dans la gorge.
- Le malade supporte mal les repas de régime, et s'accommode mieux des aliments indigestes.

Iodum

- Agitation, trop chaud, bouffées de chaleur.
- Amaigrissement. Toujours faim et soif. Palpitations. Indurations ganglionnaires.

Ipeca

- Troubles respiratoires (toux suffocante, incessante) avec accumulation de mucosités qui ne peuvent être expectorées. Crachats de sang rouge vif.
- Troubles digestifs avec nausées, vomissements, qui n'apportent aucun soulagement.
- Langue toujours propre.
- Selles vertes, écumeuses, souvent sanguinolentes.

Iris versicolor

- Brûlures dans tout le tube digestif au cours d'une affection du foie et du pancréas.

– Mal de tête périodique précédé d'une sensation de brouillard devant les yeux.
– Diarrhée avec brûlures dans l'anus.
– Douleurs d'épaules et de hanches.

KALI BICHROMICUM

– Inflammation aiguë ou chronique des muqueuses avec production de sécrétions jaunâtres, filantes, adhérentes (nez, gorge, estomac, intestin).
– Douleurs qui changent rapidement de place, très limitées en de petits endroits.
– Désir de bière.
– Ulcérations profondes, à l'emporte-pièce.

KALI CARBONICUM

– Grande faiblesse, anémie. Tissus mous, relâchés. Tendance aux enflures (gonflement de l'angle externe ou interne de la paupière supérieure).
– Flatulences. Tout aliment se transforme en gaz.
– Lumbago. Jambes lourdes, infiltrées.
– Douleurs aggravées par le froid entre 2 et 3 heures du matin. Cœur faible, comme suspendu à un fil.

KALI IODATUM

– Inflammation des muqueuses (coryza avec écoulement abondant, brûlant). Conjonctivite, avec des yeux bouffis, larmoyants.
– Inflammation des os (douleurs des sinus frontaux et de la racine du nez).
– Rhumatismes aggravés la nuit par temps humide.

Kali muriaticum

– Inflammation des muqueuses avec formation d'enduits blancs, épais, visqueux (larynx, gorge, trompe d'Eustache).
– Indigestion d'aliments gras et trop riches.

Kali phosphoricum

– Dépression nerveuse physique ou mentale après une maladie ou un surmenage intellectuel.
– Appréhensions sans motif, insomnies, terreurs nocturnes. Maux de tête des étudiants.
– Fringales après avoir mangé.
– Écoulement (diarrhée, pertes vaginales de couleur jaune-orange).

Lachesis

– Altération du sang avec alternance d'excitation et de dépression nerveuse, toujours calmée par un écoulement.
– Loquacité extrême. Hypersensible, le malade ne peut être serré au cou ou à la taille.
– Insomnies, cauchemars, vertiges; le malade se sent mal au réveil. Ecchymoses spontanées. Besoin de faire de grandes inspirations.

Lilium tigrinum

– Mélancolie religieuse. Manies érotiques. Dépression mentale avec pleurs et phénomènes hystériformes.

– Sensation de cœur serré, avec engourdissement du bras droit.

LYCOPODIUM

– Maladies chroniques avec troubles hépatiques et rénaux.
– Sujet irritable, coléreux, de mauvaise humeur au réveil.
– Flatulences.
– Nez bouché. État aggravé par les huîtres. Un pied est chaud, l'autre froid. Grande activité intellectuelle.

MEDORRHINUM

– Séquelles de blennoragie ancienne, héréditaire ou acquise.
– Sujet toujours très remuant; triste le jour, gai la nuit.
– Les douleurs apparaissent et disparaissent brusquement; calmées par temps humide et bord de mer.
– Yeux continuellement remplis de larmes. Les souffrances sont aggravées quand le malade y pense. Besoin de liqueurs.
– Asthme et toux calmés en se couchant à plat ventre.

MERCURIUS SOLUBILIS

– Inflammation avec tendance à la suppuration.
– Faiblesse cérébrale. Tremblement. Soif. Altération et salivation exagérées. Goût métallique.
– Langue gardant l'empreinte des dents.
– Coryza avec écoulement épais, irritant, amygdalite. Haleine fétide.

– Selles acqueuses, verdâtres.
– Éruptions pustuleuses. Sueurs qui fatiguent le malade.

MERCURIUS CORROSIVUS

– Mêmes symptômes que *Mercurius solubilis,* mais plus violents en ce qui concerne l'appareil digestif et urinaire.

NATRUM CARBONICUM

– Sujets maigres, avec des taches de rousseur. Les troubles sont augmentés par le soleil, la chaleur de l'été et pendant l'orage. Le malade ne peut supporter la musique.
– Tendance aux entorses.
– Le sujet ne peut fournir aucun effort intellectuel.

NATRUM MURIATICUM

– Troubles de la nutrition, déminéralisation, dépression physique ou mentale.
– Troubles de la croissance. Le malade maigrit tout en mangeant bien.
– Constipation, selles sèches, soif de quantités de liquide importantes et fréquentes. Désir de sel. Sueurs dès que le malade mange. État aggravé au bord de la mer.
– Distraction, esprit de contradiction.
– Herpès. Acné.

NATRUM SULFURICUM

- Infiltration cellulaire. Œdèmes. Aggravation générale par l'humidité. Troubles persistants après une chute sur la tête.
- Flatulences abdominales. Diarrhée après le petit déjeuner.
- Asthme augmenté par l'humidité, calmé au bord de la mer.
- Douleurs articulaires.

NITRI ACID

- Inflammation chronique des muqueuses avec tendance à l'ulcération, surtout au niveau des orifices naturels.
- Mauvaise humeur ; sujet désespéré, qui va toujours mieux en allant en voiture.
- Douleurs comme des piqûres d'échardes.
- Ulcérations des commissures des lèvres.
- Anus crevassé. Fissures. Douleurs pendant la selle, persistant longtemps après.
- Hémorroïdes très sensibles. Ulcères variqueux.

NUX VOMICA

- Auto-intoxication se traduisant par des spasmes et des troubles digestifs.
- Système nerveux instable. Impatient, vif, querelleur, somnolent après les repas, le sujet ne peut s'endormir, ou s'endort vite pour se réveiller à 3 heures du matin.
- Poids sur l'estomac une heure après les repas.
- Le nez est sec la nuit, humide le jour.

– Lumbago. Crampes. Acné. Urticaire.

Opium (thebaicum)

– Assoupissement profond. Congestion cérébrale avec tandance à la paralysie.
– Coma, perte de connaissance.
– Symptômes aggravés par la frayeur.
– Atonie intestinale, selles dures, noires.

Petroleum

– Intoxication profonde de la peau, plus marquée l'hiver, résultant de l'atteinte de la peau et des reins.
– Frilosité.
– Vertiges en voiture, bateau, chemin de fer.
– Douleur pesante dans la nuque avec nausées et vertiges.
– Diarrhée chronique, mais seulement le jour, augmentée par le chou.
– Faim la nuit.
– Peau sèche, craquelée, fissurée. Fissures au bout des doigts, l'hiver.

Phosphoric acid

– Intoxication profonde du système nerveux avec réactions digestives et génito-urinaires. Sujet insouciant, indifférent. La mémoire lui fait défaut.
– Maux de tête des étudiants après une fatigue intellectuelle.
– Diarrhée inodore, incolore, indolore, sans fatigue.
– Pertes séminales. Impuissance.

- Chute du poids et affaiblissement du système pileux (cheveux, sourcils).
- Sueurs abondantes.

PHOSPHORUS

- Action sur le sang et le système nerveux.
- Agitation, anxiété, insomnie avant minuit, vertiges au réveil. Vertiges des vieillards.
- Soif de boissons glacées. Enrouement le soir. Oppression. Congestion pulmonaire. Crachements de sang. La moindre blessure saigne abondamment. Brûlures de la paume des mains. Brûlures entre les épaules.

PHYTOLACCA

- Action sur la gorge et les seins. Inflammation ganglionnaire.
- Aggravation par le froid humide.
- Fatigue intense de tout le coprs avec sensation de meurtrissure. Désir de bain froid.
- Besoin de serrer fortement les dents. Amygdales gonflées. Déglutition douloureuse avec douleurs dans les oreilles.
- Douleurs au niveau du cœur avec irradiations au bras droit.
- Nodosités dans les seins, dures et douloureuses la nuit; douleur en « coup de poignard » dans le rectum.

Podophillum

- Troubles hépatiques; douleurs dans la région du foie, calmées en se frictionnant.
- Diarrhée le matin de bonne heure.
- Le sujet va toujours mieux en se couchant sur le ventre.
- Diarrhée alternant avec des maux de tête.

Psorinum

- Débilité avec frilosité excessive. Éruptions cutanées et sécrétions fétides.
- Migraines périodiques. Faim pendant la migraine. Faim la nuit.
- Éruptions fétides derrière les oreilles.
- Rhume des foins annuel.

Pulsatilla

- Tout est changement dans *Pulsatilla* : le malade se sent très bien une heure, très mal l'heure suivante. Humeur changeante, sourires et larmes. Congestion veineuse aggravée par la chaleur, désir d'air froid. Varices, phlébites.
- Le sujet n'a jamais soif. Aversion pour les aliments gras; embarras gastrique. Le sujet ne présente jamais deux selles semblables.
- Les douleurs passent rapidement d'un endroit à un autre.
- Règles tardives, courtes, s'arrêtant un jour pour reparaître le lendemain.

Pyrogenium

- Infections graves. Odeur putride de l'haleine, des sueurs et des écoulements.
- Discordance du pouls et de la température.
- Toutes septicémies.

Rhus toxicodendron (Rhus tox)

- Douleurs, agitation au cours d'états infectieux ou rhumatismaux.
- Le malade change constamment de position pour soulager ses douleurs.
- Raideurs douloureuses après un exercice physique.
- Désir de lait froid.
- Aggravation des symptômes par le repos, le froid, l'humidité, la nuit.
- Éruptions brûlantes, avec prurit.
- Lèvres sèches, langue sèche, avec un triangle rouge à la pointe.
- Palpitations dues au surmenage cardiaque (cœur forcé).

Secale cornutum

- Hémorragies de sang noir. Douleurs brûlantes. Refroidissement du corps, mais le sujet ne peut supporter d'être couvert. État toujours aggravé par la chaleur.
- Crampes des membres inférieurs. Engourdissement et fourmillements.
- Diarrhée épuisante, en jet, avec froid glacial.
- Cataracte.

Selenium

- Épuisement psychique et physique après des excès sexuels ou une maladie grave.
- Enrouement, notamment chez les chanteurs.
- Impuissance. Pertes séminales.
- Acné, séborrhée, chute des cheveux.

Sepia

- Insuffisance hépatique. Congestion des veines du bassin.
- Tristesse, apathie, indifférence, désir d'être seul.
- Nausées à la vue et à l'odeur des aliments.
- Sensation d'une balle lourde dans le rectum.
- Taches jaunes à cheval sur le nez.
- Constipation diminuée par les règles.
- Urticaire calmée par la chaleur.

Silicea

- Affaiblissement progressif dû à la déminéralisation.
- Tendance à la suppuration, même pour les toutes petites plaies.
- Frilosité. Manque de confiance en soi.
- Maux de tête d'abord au niveau de la nuque, venant se fixer sur l'œil droit, calmés en se couvrant chaudement.
- Amaigrissement.
- Sueurs abondantes (aux pieds) d'odeur fétide.

Solidago

- Troubles hépatiques et rénaux. Douleur à la pression en arrière, dans le creux des régions lombaires.
- Langue sèche. Constipation.
- Toux et asthme.

Staphysagria

- Troubles nerveux, consécutifs aux excès sexuels ou à la colère. Irritabilité, susceptibilité.
- Orgelets avec les règles.
- Dents noires, cariées sur les bords.
- Besoin d'uriner (cystite) toutes les heures chez les jeunes mariées.
- Eczéma croûteux et suintant (cuir chevelu, oreilles). Démangeaisons qui changent de place.

Sulfur

- Auto-intoxication avec congestions locales, et élimination par la peau.
- Les troubles réapparaissent périodiquement.
- Sujet fatigué au réveil, qui éprouve sans cesse le besoin de chercher une place au frais.
- Rougeur des orifices et des extrémités.
- Faiblesse vers 11 heures du matin. Besoin de sucre.
- Éruptions et démangeaisons.
- Oppressions. Palpitations. Douleurs du dos. Lumbago.

THUYA

- Hypersensibilité, idées fixes. Douleurs névralgiques aggravées par le froid humide.
- Réveil vers 4 heures du matin.
- Abdomen distendu. Membres fragiles, comme s'ils allaient se briser. Végétations. Verrues. Varicosités.
- Obésité, surtout des hanches.
- Phobies. Peur obsédante du cancer.

VERATUM ALBUM

- État syncopal avec refroidissement.
- Sensation constante de grand froid. Sueurs froides. Face pâle.
- Malade excité, qui gémit et crie. Furieux, il veut mordre et déchirer.
- Vomissements avec diarrhée et sueurs froides. Coliques abdominales violentes. Crampes des mollets.

VIBURNUM OPULUS

- Crampes utérines atténuées en se couchant sur le côté douloureux.
- Les règles sont en retard, peu abondantes, avec une tendance syncopale.

ZINCUM

- Dépression nerveuse après un surmenage ou une maladie ayant provoqué une hypersensibilité de tout

le système nerveux. Hypersensibilité au bruit, notamment.
- Dégoût du travail intellectuel.
- Agitation constante des pieds.
- État toujours aggravé par le vin, et amélioré par un écoulement.
- Les malades ne peuvent supporter qu'on leur touche le dos.
- Les symptômes nerveux et génitaux sont diminués par l'apparition des règles.

CONCLUSION

Nous espérons avoir satisfait nos lecteurs en leur apportant dans une forme toute simple, dégagée de tout terme scientifique, toutes les possibilités que nous offre la pratique de l'Homéopathie.

Cela ne dispensera en aucune façon de la consultation d'un médecin qualifié.

Cependant, nous sommes persuadés qu'il est possible d'aider puissamment nos patients dans le rétablissement de leur santé en leur proposant de reposer leurs organes surmenés par de courtes cures de jeûne.

N'oublions pas que notre foie, notre pancréas, notre rate travaillent vingt-quatre heures sur vingt-quatre et qu'une pose ne peut être que bénéfique.

Ces cures sont simples, très facilement acceptées et restent d'ailleurs un puissant moyen de purification de l'organisme.

Le corps se débarrasse ainsi plus facilement des déchets accumulés depuis fort longtemps et avec l'aide d'un traitement homéopathique, il retrouve son harmonie et l'intégralité de ses humeurs.

Nous ne parlerons pas des jeûnes bibliques : nous ne sommes pas sur la montagne d'Horeb avec Moïse, ni dans le désert avec le Christ.

Cependant, il s'agit de sanctifier dans l'année quatre grandes fêtes : Pâques, Saint-Jean, Saint-Michel, Noël, qui correspondent aux équinoxes et aux solstices.

Notre jeûne, malgré tous les préjugés de l'heure actuelle, sera rythmé suivant les quatre saisons. Il comprendra de préférence en lune ascendante (après une pleine lune) trois jours de jeûne (les mercredi, vendredi et samedi) avant les quatre grandes fêtes que nous indiquons.

Il suffira de ne consommer que du liquide (bouillon de légumes peu salé, eau minérale, jus de fruits).

Pour ceux qui peuvent s'effrayer de ne pouvoir supporter un tel régime, il est permis d'adjoindre soit une pomme, soit une orange, soit un pamplemousse.

Ce jeûne correspond d'ailleurs aux Quatre-Temps de l'Église, pratique aujourd'hui oubliée, éminemment favorable à la purification physique et psychique de l'organisme.

BIBLIOGRAPHIE

Dr Léon Vannier et Jean Poirier
Précis de matière médicale homéopathique (Doin)

R.P. Jean Jurion
Thérapeutiques naturelles
Homéopathie – conseils pratiques (auteur/éditeur)

Dr Léon Renard
Répertoire homéopathique
(Éditions scientifiques – 6, rue Le Goff – Paris 5e)

Henri Quinquandon
Homéopathie vétérinaire – Biothérapies
(Éditions du Point Vétérinaire)

Dr De Mattos : Gynécologie
Homéopathie pratique (Doin)

Dr De Mattos
La Ménopause
Bulletin du CHF (1955)

Dr Dufilho
La Géographie homéopathique
(Éditions Coquemard-Angoulême [1966])

Dr Kollitsch
Matière médicale homéopathique
(Éditions Maloine – 27, rue de l'École-de-Médecine – Paris 6e)

Drs Bergeret et Tétau
L'Organothérapie (col. Les Petits Précis)
(Éditions Maloine – 27, rue de l'École-de-Médecine – Paris 6e)

Cet ouvrage a été réalisé par la
SOCIÉTÉ NOUVELLE FIRMIN-DIDOT
Mesnil-sur-l'Estrée
pour le compte des Éditions Solar
en avril 1991

Imprimé en France
Dépôt légal : avril 1991
N° d'édition : 1810 – N° d'impression : 16996